U0624703

让玩具启迪幼儿的心智

——幼儿园活动区玩具开发与拓展应用

青岛市市南区教育研究中心　著

中国海洋大学出版社

·青岛·

图书在版编目（CIP）数据

让玩具启迪幼儿的心智：幼儿园活动区玩具开发与
拓展应用 / 青岛市市南区教育研究中心著 . —青岛：
中国海洋大学出版社，2015.10（2016.8 重印）

ISBN 978-7-5670-1025-3

Ⅰ. ①让…　Ⅱ. ①青…　Ⅲ. ①学前教育—教具—制作
Ⅳ. ①G614

中国版本图书馆 CIP 数据核字（2015）第 243792 号

出版发行	中国海洋大学出版社		
社　　址	青岛市香港东路 23 号	邮政编码	266071
出 版 人	杨立敏		
网　　址	http://www.ouc-press.com		
电子信箱	1079285664@qq.com		
订购电话	0532-82032573（传真）		
责任编辑	孟显丽	电　　话	0532-85901092
印　　制	青岛名扬数码印刷有限责任公司		
版　　次	2015 年 12 月第 1 版		
印　　次	2016 年 8 月第 2 次印刷		
成品尺寸	205 mm × 260 mm		
印　　张	12.5		
字　　数	408 千		
定　　价	36.00 元		

编委会

主　任　赵　辉

副主任　王　红

委　员　姜作新　黄　荣　董坤凌　王红梅

　　　　关　茜　解育红　王贞桂　韩　强

　　　　谭廷慧　王少君　杨国青　杨希婷

总策划　姜作新

主　编　王贞桂

副主编　于凤丽　张会英

编　者　刘明英　管　玮　宋　超　潘　明

　　　　纪　沛　高　明　葛　玲　杨明珍

序 PREFACE

　　著名儿童教育家福禄贝尔曾说"喜欢玩游戏是幼儿的天性,是其身心发展的需要,只有在游戏中儿童才能真正获得自我需要和自我满足"。玩具是幼儿的天使,是幼儿在成长过程中不可替代的"伙伴",有着不可低估的教育价值。

　　自我国颁布《幼儿园教育指导纲要(试行)》和《3～6岁儿童学习与发展指南》以来,市南区坚守幼儿教育的核心价值,坚持以游戏为基本活动,高度重视玩具的开发和利用,积极探索玩具的启智功能和交往媒介等目标价值,创设适宜于幼儿发展的游戏环境,让幼儿在有效的游戏环境中,自主快乐地成长。市南区带领广大教师,以幼儿的兴趣和发展需要为根本,以园本课程实施为基础,充分利用生活中的废旧物品,对其进行研究、改造和创新,研究出多种符合幼儿年龄特点和主题实施需要的活动区玩具。

　　体育区玩具设计注重了趣味性和挑战性。结合幼儿的运动能力及大肌肉动作发展的特点,进行了多种废物利用并灵活创新。将饮水桶、PPC、薯片桶、纸箱等生活用品,制作成可用于蹬、跳、跑等的趣味性玩具;利用院内的大树、墙面筑起可以攀爬、悬滑等具有挑战性的器械。

　　语言区玩具设计强调了多变性和讲述性。幼儿的语言发展离不开有趣、多变的环境。结合这一特点,利用不织布、纸盒等,研究制作了布图书、立体图书、讲述盒、地垫故事盒、手偶、皮影等,多变的材料可有效地支持幼儿自主讲述。

　　社会区玩具设计体现创造性和情境性。幼儿的社会性发展离不开生活,也离不开生活化的环境。为此,利用了各色花布制作了多种生活中的"蔬菜""面食"等半成品,可供幼儿在娃娃家、餐厅、小超市、烧烤店、蛋糕房游戏环境中创造性使用。通

过幼儿角色扮演,满足幼儿参与社会生活的愿望,帮助他们积累社会生活经验。

科学区玩具设计突出探究性和操作性,启发幼儿对生活和自然中的科学现象感兴趣是幼儿园科学教育的内容之一。本书巧用了纸筒、饮料瓶、玻璃球、小电机、针管等材料,研究制作了有趣的针瓶喷泉、环保吸尘器、弹珠高速路、动力船等玩具;运用纸盒、果冻杯座等制作了可供幼儿动手、动脑等的益智玩具,具有趣味性、生活化,能激发幼儿的探索欲望。

艺术区玩具设计追求自然性和表现性。美工区中采用石、贝壳等,供幼儿在"玩一玩""做一做""变一变"的创想过程中发展幼儿的想象力和表现力;音乐区中用各种生活废旧的小碗、小盘子、小铁桶设计成打击乐器,形象逼真,有利于幼儿的创想和表现,方便教师的制作和使用。

本书共设计了93种玩具,每种玩具均有1～3种玩法,并从适合班级、适合区域、材料介绍、制作方法等方面进行了详细的介绍;玩具的使用范围涵盖了户外体育区、生活区、语言区、阅读区、角色区、表演区、科学区、益智区、音乐区和美术区等;玩具具有简易性、操作性、目标性和愉悦性的特点。本书的出版凝聚了市南区幼儿园广大干部及教师的集体智慧,可为一线教师开展活动区活动、实施主题课程提供可借鉴的经验。

"千淘万漉虽辛苦,吹尽黄沙始到金。"我们编写出版这本书,不单纯为了前期工作的总结,更要将其作为启发和激励未来工作的新起点。玩具是孩子的天使,孩子是教师的天使。每个玩具在实践中又将会有新的变式和应用,我们真心希望教师能够在实践中赋予玩具新的生命力,让玩具真正启迪幼儿的心智,让幼儿拥有快乐的童年!

编委会

目录 CONTENTS

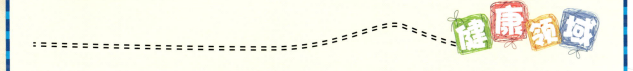

语言领域

社会领域

科学领域

艺术领域

健康领域

01 百变魔幻圈

1.玩具开发

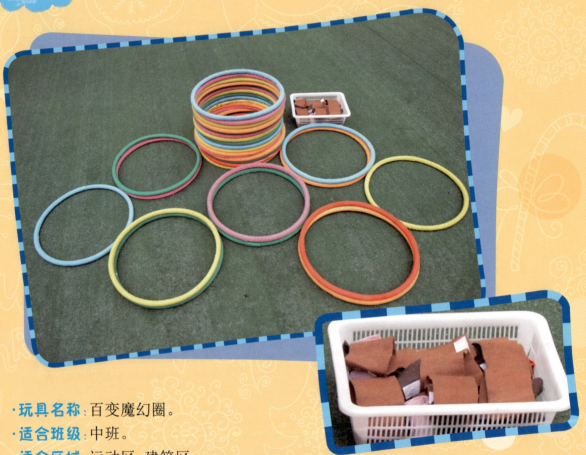

· **玩具名称**：百变魔幻圈。

· **适合班级**：中班。

· **适合区域**：运动区、建筑区。

· **使用材料**：不织布、子母扣、线、废旧的呼啦圈、剪刀等。

· **制作方法**：选不同颜色的不织布剪成长条包裹废旧的呼啦圈，再把不织布剪成宽 8 cm、长 12 cm 的长条，缝上子母扣做成可以相互连接呼啦圈的"链条"。

青岛市山东路幼儿园　任晓红

2.拓展应用

玩法一：好玩的圈

幼儿用"链条"创意连接呼啦圈，拼搭出各种玩具造型，进行钻洞口、投得准、搬一搬等游戏。在游戏中锻炼幼儿钻、投准、搬等动作的灵活性以及协调能力，激发幼儿对一物多玩活动的兴趣。

玩法二：拼搭乐

幼儿按自己的想法选择不同颜色的呼啦圈，通过"链条"的链接，任意组合拼搭成各种建筑造型。幼儿在游戏中感受创意拼搭的乐趣，发展空间思维以及创造力、想象力。

02 滚筒转转转

1.玩具开发

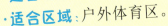

·玩具名称：滚筒转转转。

·适合班级：中班、大班。

·适合区域：户外体育区。

·使用材料：PPC管、大桶水的水桶、体操垫子等。

·**制作方法**：

（1）滚筒推车。将大桶水的水桶底部钻一个与PPC管一样粗的洞，用PPC管贯穿水桶的底部至顶部做成方形的支架，形成一个滚筒推车。

（2）滚筒蹬车。用PPC管做一个长方形的底座、做两个高度不同的长方形支架，把装有海洋球的水桶贯穿于支架的顶端。然后将两个支架链接在底座上，做成一个滚筒蹬车。

青岛市市南区实验幼儿园　崔文涛

❷.拓展应用

玩法一：推车转得快

幼儿双手或者单手推动滚筒推车快速奔跑，一人玩或者多人进行比赛，练习推车快速跑。幼儿也可以自主摆放各种各样的障碍物，如将平衡木、轮胎、梯子等进行灵活搭建和摆放，然后推着滚筒推车通过平衡木、曲线绕过障碍物等，锻炼推着滚筒推车灵活绕行障碍物的敏捷性，体验玩滚筒推车的乐趣。

玩法二：好玩的滚筒蹬车

幼儿仰面躺在滚筒蹬车下面的体操垫上，双脚交替蹬高处的水桶、手触碰低处的滚筒，手脚并用让滚筒转动起来，体验快速蹬水桶的乐趣。幼儿也可以钻爬过滚筒下方，同时根据滚筒不同的高度调整身体高度，用臀、头等部位碰触滚筒让其发声，锻炼身体的协调能力。

03 水桶变变变

1.玩具开发

· **玩具名称**：水桶变变变。
· **适合班级**：大班、中班、小班。
· **适合区域**：户外体育区。
· **使用材料**：饮水桶、PVC管、不锈钢管、电焊器材等。

· **制作方法**：

（1）山洞制作。将PVC管制作成一个三角形立体支架，在底部左右两侧各安装一个饮水桶，组合构成饮水桶山洞。

（2）饮水桶滑梯。用不锈钢管通过电焊做成滑梯状的支架，在滑坡每40 cm处安装一根不锈钢管，每根不锈钢管上安装一个饮水桶，构成一个饮水桶滑梯。

（3）饮水桶小桥。将不锈钢管通过电焊制作成一个有扶手的独木桥形状，在桥面每40 cm处安装一根不锈钢管。每根不锈钢管上安装一个饮水桶，从而组成一个水桶小桥。

青岛市市南区教育第五幼儿园　陈　平　郭　怡

2.拓展应用

玩法一:钻山洞

　　幼儿根据自己的游戏需要随意组合摆放三脚架山洞,随后进行"钻山洞"游戏。可以一人玩,也可以多人进行钻山洞比赛游戏。在钻山洞的游戏情境中,幼儿掌握钻的动作技巧,提高快速奔跑的能力。

玩法二:过小桥

　　幼儿控制容易滚动的饮水桶,双脚交替、保持身体平衡依次从饮水桶上走过小桥。也可以躺或者趴在小桥上,练习匍匐前进,加大游戏难度,加强腿部肌肉的力量练习,发展腿部的控制能力和身体的平衡能力。

玩法三:玩滑梯

　　幼儿通过攀登饮水桶一侧的攀登梯到达高处,然后坐在饮水桶滑梯上,顺势滑下,保持身体平衡。大班幼儿可以从滑梯的低处往高处逆向攀爬,加大游戏难度增强趣味性。幼儿通过充分练习攀登、攀爬和平衡的动作技能,增强身体的协调性,培养不怕困难、坚忍不拔的运动精神。

04 超级大乐桶

1. 玩具开发

·**玩具名称**：超级大乐桶。
·**适合班级**：小班、中班、大班。
·**适合区域**：户外体育区。
·**使用材料**：薯片桶、呼啦圈、
铁丝、粗棉绳、钳子、502胶等。

·**制作方法**：

（1）薯片桶串联围圆。将废旧的薯片桶逐一用两根长铁丝并行串联围成大圆，内圆直径等于呼啦圈直径长度。最后用502胶封盖，以免划伤幼儿。

（2）支撑固定薯片桶圈。将两个大小相同的呼啦圈用钳子、粗棉绳捆绑固定在薯片桶圈的内圈中，起到支撑固定的作用，制作完成坚固的超级大乐桶。

青岛市市南区教育第五幼儿园　朱雪娟　黄　雪

2. 拓展应用

玩法一：车轮滚滚

幼儿分组进行比赛，起点准备，听口令出发。双手推动滚筒向前行进，到达终点标志处绕行一圈，折返回起点，传递给下一个人，依次进行。先完成传递的一组获胜。幼儿在推动滚筒向前行进的比赛活动中，练习手、眼、脚动作的协调及反应能力，同时增强幼儿的合作意识和遵守游戏规则的执行能力。

玩法二：钻山洞

将滚筒直立放置呈山洞状，幼儿将布辫子掖在腰后做"动物尾巴"。幼儿自行设计摆放行进路线。依次有序地从起点顺向钻爬山洞，追逐前面的小朋友并揪下前者的"动物尾巴"。揪到动物尾巴即获胜。通过与同伴互动游戏，练习钻、爬的基本动作技能，掌握并遵守游戏规则，体验合作的快乐。

玩法三：跳圈圈

将滚筒平放于地面，幼儿自由摆放行进路线。从多人中选择一人当"头领"，其他幼儿以桶圈当家。游戏开始，幼儿在圈中行进跳。当"头领"出现时要迅速蹲至圈中，躲闪不及被"头领"捉到者做下一轮游戏的"头领"。在活动中，幼儿练习双脚行进跳的基本动作技能，锻炼迅速躲闪的能力，发展身体的协调能力和反应能力。

05 巨型风火轮

1.玩具开发

- **玩具名称**：巨型风火轮。
- **适合班级**：中班。
- **适合区域**：户外体育区。
- **使用材料**：奶箱、即时贴、透明胶带等。

·制作方法：先用即时贴包装奶箱，接着将一端压扁，然后每6个奶箱一组重叠插成扇形，用透明胶带缠紧、加固，最后将扇形组合围拢成圆形的风火轮。

青岛市南京路第二幼儿园　李　冰　王朋鹏

2.拓展应用

玩法一:车轮滚滚

幼儿自由选择设置"S"形线路、拱形桥、小山坡等游戏场地,滚动风火轮进行绕行"S"形线路、走小桥、爬山坡等游戏。在游戏中,锻炼幼儿走、跑、平衡控制等能力,培养不怕困难、坚持完成运动的体育精神。

玩法二:大力士

幼儿可选长短适宜的木棒插在两轮中间,形成一个大杠铃,进行举重游戏,也可进行挑水、抬东西等竞赛游戏,还可将轮子组合叠高进行攀爬练习。在多项游戏中,锻炼幼儿手臂力量、身体平衡及协调等能力。

06 魔术布道

1. 玩具开发

- **玩具名称**：魔术布道。
- **适合班级**：大班、中班、小班。
- **适合区域**：户外体育区。
- **使用材料**：彩色帆布、彩色不织布、子母扣等。

- **制作方法**：将彩色帆布裁剪成 60 cm × 60 cm 方块若干，将其中一块帆布中间抠出和球一样大小的圆洞。将每一块帆布的四周缝上子母扣、四角缝上把手。用不织布裁剪出手印、脚印标志，交错缝制在帆布上，制作成可以随意拼接的魔术布道。

青岛市山东路幼儿园　丁　红

2. 拓展应用

玩法一：小乌龟爬呀爬

幼儿将布道随意拼接成片，扮演乌龟等小动物，沿着手印、脚印标志练习手脚着地爬行。也可以沿着手印、脚印标志玩跳格子游戏，锻炼幼儿的协调和反应能力。

玩法二：运球进洞

多名幼儿参与，将布道拼接成长条，每人握紧布道上的把手。将球放在布道的一端，大家一起灵活地调整布道，合作将球运进布道另一端的圆洞中，体会合作游戏的快乐。

玩法三：小螃蟹运货忙

幼儿扮演小螃蟹，两人一组，握住布袋四个角，协调一致地侧身行进，积极探索有效的合作运球的方法，体验与同伴合作的快乐。

07 多功能爬垫

1.玩具开发

- **玩具名称**：多功能爬垫。
- **适合班级**：大班。
- **适合区域**：户外体育区。
- **使用材料**：薄海绵、彩色帆布、不织布、子母扣、针、线、沙包等。

·**制作方法**：将正方形彩色帆布缝合，做成正方形爬垫，再在其四周缝上子母扣以便于每个爬垫的衔接。用不织布剪成水果、手脚印、圆靶等形状，并在反面缝上子母扣。

青岛市山东路幼儿园　胡　苑

2.拓展应用

玩法一:爬爬跳跳

幼儿手脚并用,沿着垫子上的手脚印向前爬行或单、双脚行进跳,锻炼身体的敏捷性及协调性。

玩法二:炒黄豆

两名幼儿拿着垫子的两端,面对面站立,边抖动垫子边说"炒呀炒,炒黄豆"。说到"黄豆"时,将垫子高举过头顶,两人身体协调一致地按照同一方向翻转身体,每完成一个转身就表示炒了一个"黄豆"。锻炼身体的协调性,体验与同伴合作游戏的快乐。

 玩法三：小猴摘果子

将小果子粘到垫子的不同高度后悬挂起来，幼儿进行纵跳摘果子的比赛，摘到果子最多的幼儿获胜。在游戏过程中，幼儿练习双脚原地向上纵跳触物，体验竞赛游戏的快乐。

 玩法四：小马过河

每位幼儿各拿两块垫子，放在地上做河中的"石头"。幼儿从起点交替向前移动"石头"并向前跨跳，没踩到"石头"的幼儿表示掉入河中，需回到起点重新开始跨跳，首先到达终点的幼儿获胜。幼儿在活动中练习跨跳的技能，体验自我挑战游戏的快乐。

08 好玩的纸盒

1. 玩具开发

- **玩具名称**：好玩的纸盒。
- **适合班级**：小班、中班、大班。
- **适合区域**：户外体育区。
- **使用材料**：纸盒、PVC管、绳、卡纸、即时贴、水粉、清漆等。

制作方法：

（1）舞龙：选择大小相同的纸盒，用水粉绘制上"龙鳞"图样，制作成"龙身"。将两个纸盒相对，刻出相等数量、大小的"龙牙"，用卡纸、即时贴制作"龙头"的图样粘贴在纸盒上，制作完成"龙头"，最后刷清漆定型。

（2）汽车：将大纸盒剪裁成不同形状、大小不一的车厢，在纸盒的中间部分刻出手持长槽，用水粉进行车体彩绘装饰、刷清漆定型。最后根据需要给部分车厢安装长短适宜的"拖绳"。

青岛市市南区江西路幼儿园　鞠海燕　王　璐

2.拓展应用

玩法一：舞龙

　　幼儿6人一组组成舞龙队，和同伴一起随音乐进行"舞龙"游戏。锻炼走、跑等动作的协调性，体验民间游戏以及同伴合作游戏的乐趣。

玩法二：运输忙

　　幼儿自由协商利用舞龙或其他材料设置运输线路上的障碍。游戏时，各队幼儿先驾车绕障碍物跑到对面装上货物，然后再绕过障碍物原路返回，卸下货物后将车交给第二名幼儿。以此类推，最先完成任务的一队为胜。幼儿在绕障碍物跑的接力游戏中，锻炼身体的协调性、灵活性，增强集体荣誉感。

玩法三：小司机

　　幼儿两两合作开展情境接力游戏。"司机"拉"乘客"从起点出发至斜坡处，"乘客"下车从坡上跑过，"司机"拖车从坡旁跑过，共同绕过障碍物后，"司机"与"乘客"交换角色原路返回。以此类推，完成时间最短且不违反规则的一队获胜。在游戏中，幼儿锻炼身体的灵活性、协调性，充分感受团队游戏的快乐。

09 中国龙

1. 玩具开发

·**玩具名称**：中国龙。

·**适合班级**：中班。

·**适合区域**：户外体育区。

·**使用材料**：纸箱、即时贴、金纸、缎带彩龙、塑料直管、三通管、热熔胶、剪刀、刻刀等。

·**制作方法**：

（1）根据幼儿身型选择大小适合的纸箱作"龙身"，两边抠洞做把手，用即时贴装饰。将纸箱裁剪成2个三角形，分别作"龙头"和"龙尾"，将绘制好的"龙头""龙尾"图样固定在纸箱上。将装饰好的纸箱两两相对摆成"龙"的样子，抠洞、捆绑连接成"龙"。每两个纸箱底部用热熔胶固定三通管，选长短相同的直管插入，完成舞龙制作。

（2）将塑料直管用彩龙图片装饰制成舞龙棒。

青岛幼儿师范学校附属幼儿园　孙　秀

2. 拓展应用

玩法一：赛龙舟

幼儿可自由组成"龙舟"队开展竞赛游戏，也可加大游戏的难度，在赛龙舟路线上设置障碍物，一起绕过障碍物进行竞赛，最先到达终点的"龙舟"队获胜。幼儿在游戏中锻炼身体的协调性、灵敏性，体验团队合作游戏的乐趣。

玩法二：跨龙门

幼儿先将"龙"首尾相接围成圆，分别站在"龙头"处。游戏开始后，幼儿高抬腿逐格跨跳"龙门"追逐前面的同伴。被追上拍到肩膀的幼儿退出游戏，在规定的游戏时间内未被同伴拍到肩膀的幼儿获胜。锻炼幼儿腿部肌肉的力量、身体的协调性、灵敏性，增强幼儿勇敢面对失败、快乐接受挑战的体育精神。

玩法三：舞龙

幼儿自由结伴组成舞龙队。一名幼儿持舞龙棒做引领者，舞龙队员根据舞龙棒挥舞的"路线"，时高、时低、时左、时右，齐心协力追赶引领者。游戏中，幼儿充分锻炼上臂力量、肢体的协调能力及反应的敏捷性，增强与同伴合作游戏的意识与能力。

10 有趣的投掷

1.玩具开发

· **玩具名称**：有趣的投掷。

· **适合班级**：小班、中班、大班。

· **适合区域**：户外体育区。

· **使用材料**：纸箱、纸板、纸筒、旧报纸、彩龙、即时贴、魔术贴、废旧的铁凳架、呼啦圈、铁丝等。

· **制作方法**：

（1）在正方形纸箱正面掏洞，将五个等长的纸筒分别固定在纸箱上下面，作为长颈鹿的脖子和腿。在纸箱左右两侧竖向固定呼啦圈，用即时贴、彩龙、水粉等装饰完成"长颈鹿靶"。在纸箱上绘制卡通动物形象并抠出大嘴巴。用铁丝将纸箱固定在废旧的铁凳架上，做成"小动物靶"。将纸板剪成圆形，用即时贴装饰成飞镖盘，在上面粘上魔术贴制作成"飞镖靶"。

（2）旧报纸团球，用透明胶带缠绕并粘上魔术贴做成飞镖，将纸板裁剪成大小相同的长方形，用即时贴粘贴装饰小脚印，制成"脚踏"。

青岛市市南区江西路幼儿园　王　虹　张　弘

2. 拓展应用

玩法一：给小动物喂食

　　幼儿自由组队，自选动物投掷靶，自选"脚踏"拼摆一条通向投掷靶的"跳格小路"。小路尽头与靶相隔4米左右的距离。游戏开始后，幼儿单双脚交替跳过小路，进行瞄准投掷。成功给小动物喂食数量最多的一队获胜。游戏中，萌发幼儿自主探究游戏玩法的意识，提高幼儿自主布置游戏场地、肩上挥臂投准的能力。

玩法二：看谁投得准

　　幼儿自由组队，商量游戏情境、规则，并设置游戏场地。如，游戏中每队幼儿必须跨过"小河"、绕过"树桩"，在距离"长颈鹿靶"3～4米处，选择投掷物和套圈进行投准和套圈，以投准、套准数量多的一队为胜。游戏中，幼儿练习肩上挥臂投掷，提高手眼协调能力，培养幼儿不怕困难、大胆挑战的良好品质。

11 给熊猫喂竹子

1.玩具开发

· **玩具名称**：给熊猫喂竹子。

· **适合班级**：小班、中班、大班。

· **适合区域**：户外体育区。

· **使用材料**：泥塑熊猫、不锈钢围栏、人造草坪、纸筒、绿色即时贴和海绵纸、竹竿、粗铁钩、长形大筐两个、小筐一个。

· **制作方法**：

（1）用绿色即时贴包装纸筒，绿色海绵纸剪出竹叶，用装订针固定在纸筒上做成一节一节的竹子。用竹竿和粗铁钩做成挑杆。

（2）用不锈钢围栏和人造草坪制作一个熊猫基地园，把泥塑熊猫搬进去，放置一个长形筐做食槽。用即时贴在围栏外分别设置1.5米、2米、2.5米、3米的投掷线。

青岛市南京路第一幼儿园　刘明英

2.拓展应用

玩法一：投竹子

幼儿每次取一定数量的竹子放在喂食用的小筐里，自选不同距离的投掷线，站在投掷线上瞄准食槽筐进行肩上投掷竹子。竹子投进食槽筐里表示喂食成功。幼儿在活动中练习肩上投准，并在不断挑战投掷距离中获得成功的体验。

玩法二：挑竹子

幼儿在投掷过程中未投中食槽筐的竹子会散落在栅栏内，幼儿站在栅栏外，手握挑杆，目测距离后调整站位，将挑杆顶端的钩子穿进竹筒内，然后挑起竹子放进食槽筐。幼儿在挑竹子运动中练习穿、挑、放等精细化动作，锻炼对空间的观察、判断、分析能力和手眼协调的能力。

12 悬吊滑行小飞人

1.玩具开发

- **玩具名称**：悬吊滑行小飞人。
- **适合班级**：小班、中班、大班。
- **适合区域**：户外体育区。
- **使用材料**：钢筋绳索、轴承大滑轮、钢筋活动扣、体操垫、高低凳等。

·制作方法：

（1）安装滑道。利用两棵大树或者两根支柱做支撑，将钢筋绳索用活动扣分别固定在两棵大树上做滑道，固定的高度不同，需相差 80 cm 左右以形成适宜的滑行坡度。

（2）制作吊环。将吊环连接在轴承大滑轮上，然后将其安装到钢筋绳索滑道上。其中，吊环的长短可以灵活调整，这样可以形成大班、中班、小班不同的悬吊滑行高度。

（3）辅助装备。将高低凳摆放在起点位置，把体操垫平铺在滑道的下方，在终点处的大树或支柱上固定一个体操垫，制作完成安全性能很高的悬吊滑行装备。

青岛市南京路第一幼儿园　隋吉敏

2.拓展应用

 玩法:"小飞人"游戏

　　幼儿爬上高低凳,双手牢牢抓住吊环,从高处起跳,屈膝抬起双脚开始滑行,至终点处便脚蹬竖起的体操垫以缓冲滑行速度,然后松手屈膝轻轻落地。完成滑行后需将吊环拉回到起点给下一名幼儿,"小飞人"游戏再继续进行。幼儿在活动中练习双手抓环悬吊滑行,锻炼上肢的力量和耐力,培养乐于挑战、勇敢无畏、坚持到底的体育精神。

13 多用小推车

1.玩具开发

- **玩具名称**：多用小推车。
- **适合班级**：中班。
- **适合区域**：户外体育区。
- **使用材料**：纸箱、竹竿、奶粉桶、即时贴、胶带、铁丝、热熔胶等。
- **制作方法**：用即时贴在纸箱上设计卡通形象并抠出大嘴巴，制作成车厢，根据车厢高度选择两根等长的竹竿，用即时贴缠绕装饰。将装饰后的奶粉桶两侧钻洞，用铁丝固定在两根竹竿中间，再用热熔胶、胶带将其固定在纸箱底部，组合完成小推车。

青岛幼儿师范学校附属幼儿园　于　辰

2.拓展应用

玩法一：运输忙

幼儿自选小推车，根据自己的需要选择运输的货物，开展推车走、跑、过障碍等游戏。游戏中，锻炼幼儿走、跑、平衡动作的协调性，发展身体的协调性及灵敏性。

玩法二：看谁投得准

幼儿两人一组进行抛接游戏。一人投球，一人调整小车接球，看谁投得准。幼儿在合作游戏中，提高投准能力、反应能力及手眼协调能力。

14 会变的水管

1.玩具开发

- **玩具名称**:会变的水管。
- **适合班级**:中班、大班。
- **适合区域**:户外体育区。
- **使用材料**:PVC水管、PVC水管三通、PVC水管弯头、橡皮筋、砂纸、万能胶等。

· **制作方法**:将PVC长水管截成所需长短的PVC水管。将水管两头的截面用砂纸进行打磨,使其光滑。将长短不同的水管两头抹上万能胶,用PVC水管弯头进行连接,将水管拼接成不同高度的拱门。将皮筋固定在水管上,形成封锁线。

青岛市南京路第二幼儿园　毛　妮

2. 拓展应用

玩法一：穿越封锁线

幼儿有秩序地穿越封锁线,遇到较低的封锁线要跨过去,遇到较高的封锁线要钻过去,在穿越时不能触碰橡皮筋,看谁能又快又安全地穿过封锁线。通过游戏发展幼儿身体的柔韧性及控制力,体验游戏的乐趣。

玩法二：钻山洞

将水管拼接成 30～40 cm 高的拱门,在拱门的下面放上垫子,孩子们玩钻山洞的游戏,遇到高度低的拱门要匍匐前进。在爬行过程中不能触碰拱门,看谁能又快又好地通过山洞。在游戏中练习幼儿的钻爬动作,发展幼儿手脚协调的能力。

玩法三：跨栏

将水管拼接成 20～40 cm 高的小拱门,幼儿进行助跑跨栏的游戏。也可以将拱门适当加宽、加高,增加游戏的难度和挑战性,以适合不同能力的幼儿。通过游戏,发展幼儿的身体协调性和跳跃能力。

15 五彩三节棍组合玩具

1.玩具开发

·**玩具名称**:五彩三节棍组合玩具。

·**适合班级**:小班、中班、大班。

·**适合区域**:运动区、建筑区。

·**使用材料**:不织布、废旧瓶盖、彩色绳、PVC管等。

·**制作方法**:PVC管统一制成38 cm长度的管子,然后将不织布裁剪成长条包裹PVC管,用彩色绳穿过PVC管中心孔连接起来,两头用废旧瓶盖进行固定,玩具制作后可进行任意形状的创意摆放。

青岛市山东路幼儿园　任晓红

2. 拓展应用

玩法一：棒棒乐

幼儿自主拼搭、摆放玩具，创造各种造型，和同伴玩"走过独木桥""开起小火车""跳过小洞口"的游戏，练习走、跑、跳等动作。在游戏中，锻炼幼儿身体的灵活性以及协调能力，增强对体育活动的兴趣。

玩法二：创意拼摆

幼儿按自己的想法选择不同颜色的PVC管，组合成各种图案。在创意拼搭中，提高幼儿手部灵活性以及空间思维力、创造力、想象力。

16 多变贴贴贴

1. 玩具开发

· **玩具名称**：多变贴贴贴。

· **适合班级**：大班。

· **适合区域**：户外体育区。

· **使用材料**：三合板、矿泉水瓶、即时贴、魔术贴、彩旗、热熔胶等。

· **制作方法**：

（1）将三合板裁剪成长短、宽窄相等的长条，组合成正方形框，在左右边框处刻出镂空槽，用即时贴装饰。统一量裁魔术贴，穿插固定在槽内，左右相邻边框分别为"毛贴"面与"勾贴"面。

（2）用丙烯颜料装饰矿泉水瓶，瓶内填充泥土固定，用热熔胶将裁剪、过塑后的彩纸粘在吸管上，制成彩旗，用即时贴装饰废旧纸盒，制成骰子。

青岛幼儿师范学校附属幼儿园　孙　博

2.拓展应用

玩法一:闯关游戏

幼儿根据参与游戏的小伙伴人数,选定方框数量,围拢连接组成"围墙",进行钻、跳、跨等游戏活动,活动时身体不能碰触"围墙"。幼儿在游戏中掌握钻、跳、跨等动作要领,提高身体协调性及灵活性。

玩法二:跳格子

幼儿两人一组,取相同数量的方框,连接组合成两条"格子路"相邻摆放。幼儿可进行双脚、单脚交替跳格子游戏,最先到达终点者为胜。也可进行"掷骰子"跳格子游戏,两人同时"掷骰子"并快速说出总数,速度快且得数正确的一方,可双脚向前跳一格,最先到达终点者胜出。竞技游戏中,幼儿练习单、双脚行进跳,提高观察力及迅速反应能力。

玩法三:真人版飞行棋

4名幼儿各选相同数量的方框拼摆组合成"十"字队形,并各选一队分别取红、黄、蓝、绿"彩棋棋子"准备游戏。游戏中幼儿轮流掷骰子,根据掷出的前进、后退、暂停等内容挪动彩棋,按照到棋盘中心位置的先后顺序排名。促进幼儿观察力、思维敏捷性及合作能力的提高,增强幼儿参与游戏的兴趣。

语言领域

17 快乐故事书

1.玩具开发

· **玩具名称**：快乐故事书。

· **适合班级**：小班、中班。

· **适合区域**：益智区、语言区、娃娃家。

· **使用材料**：各色不织布、KT板、扣子、子母扣、摁扣、拉链、各色线、丝带、彩绳、剪刀、热熔胶、针线等。

· **制作方法**：

（1）书皮、书页：四张相同尺寸KT板、红黄蓝绿不织布各两张，将两种颜色的不织布四周通过拉链进行缝合，插入KT板。

（2）故事内容：结合不同主题与季节，用不织布缝制立体的小动物、植物等不同故事场景内容，背面粘上子母扣。

青岛市市南区晨光幼儿园　韩　梅

2. 拓展应用

玩法一：看图讲故事

　　幼儿自选图书内容,先给故事起名字,相互商量交流、合理分配角色,按故事场景进行自主编故事、分角色并讲述故事、表演故事等创造性讲述活动,感受讲故事的快乐,提高语言表达能力。

玩法二：拼图讲故事

　　幼儿自定主题或根据教师提供的主题,自由拼摆组成故事画面,创造性地进行自主讲述活动。还可以根据图书页面的颜色,选择能体现"春夏秋冬"不同季节特点的景物内容,进行"四季故事"拼图讲述故事,感知四季特征的同时,感受创编故事的乐趣,提高想象力和语言表达能力。

玩法三：快乐大比拼

　　一名或多名幼儿根据景物高矮、大小、颜色、形状等不同特征,自主进行排序,拼摆出"去郊游""捉迷藏""小动物排队"等不同主题,开展创造性讲述活动,体验与同伴一起玩语言游戏的快乐,提高幼儿观察、思维和语言表达能力。

18 立体图书

1.玩具开发

- **玩具名称**：立体图书。
- **适合班级**：大班。
- **适合区域**：图书区。
- **使用材料**：彩色卡纸、水彩笔、油画棒、过塑膜、纸筒等。
- **制作方法**：使用不同颜色的卡纸制作四个场景，在不同的场景上用水彩笔画出不同的物品，用卡纸制作冰箱门和桌子，用半立体的方式将冰箱门、桌子半粘在场景中，提高立体书的趣味性。

青岛市市南区实验幼儿园　江　玮

2. 拓展应用

 玩法一：单人玩

　　幼儿根据不同场景，自由选择不同的人物图片摆放位置，结合自己的生活经验，设计出不同的活动情节以及人物的对话和心理活动，操作场景中的立体人物和可以拉动的冰箱门、橱门等有趣的内容，进行创造性讲述活动。幼儿在编讲故事的过程中，发展创造想象能力和语言表达力，萌发对讲述活动的兴趣。

 玩法二：多人玩

　　幼儿自由选择小伙伴共同布置故事场景，大家一起协商设计故事名称、故事内容、角色分配，然后每人负责讲述一个场景的内容，大家轮流讲述，共同完成一个故事的创编和讲述。在合作讲述中，幼儿能积极互动，愿意倾听别人的讲述，用完整的语言大胆讲述自己的故事，体验与同伴分工合作讲述故事的乐趣。

19 多功能布书

1. 玩具开发

Hello

· **玩具名称**：多功能布书。

· **适合班级**：小班。

· **适合区域**：语言区、益智区。

· **使用材料**：不织布、纽扣、各色彩绳、针线、剪刀、热熔胶等。

· **制作方法**：将各种颜色的不织布剪成六个一样大小的正方形，作为书的封面、书页、封底。教师预设图书内容，如小鱼插插乐、贴五官、小水杯和小剪刀、小动物吃食物等。结合画面内容，运用不织布裁剪出相应的图案，填塞空气棉进行缝合。将纽扣、各色彩绳、子母扣等材料缝制于图案上，组成一本可以操作的布书。

山东省商务厅幼儿园　于　妙

2.拓展应用

 玩法一：好听的故事

幼儿观察布书中的插页画面，自由选择提供的图案，如剪刀、水杯、各类水果、小朋友等，想象它们之间发生的有趣事情，并进行创造性的讲述。活动中可以个人讲述，也可以同伴共同讲述或者续编故事，促进幼儿创编想象能力和语言表达能力的提高。

玩法二：小鱼的花花衣

幼儿自由选择不同颜色、不同大小的鱼鳞片，插入小鱼身上的卡槽，为小鱼装扮美丽的鳞片。在装扮中可根据鳞片的主要特征进行大小排序、颜色排序等，发展幼儿的逻辑思维能力以及动手操作能力。

1.玩具开发

· **玩具名称**:百变图书。

· **适合班级**:小班。

· **适合区域**:生活、益智、图书区。

· **使用材料**:各色不织布、PP棉、纽扣、各色彩绳、热熔胶、剪刀、针线等。

· **制作方法**:选取6种不同颜色的正方形的不织布做玩具底板,并进行缝合;用各种颜色的不织布剪裁出形象,将边缘进行缝合,中间塞上PP棉制作出立体的衣服、鞋子、奶牛等小动物形象;将纽扣、子母扣等分别缝制于形象与底板上。

山东省商务厅幼儿园　宫晓萍

⒉拓展应用

玩法一：系系扣扣

幼儿自选红、黄、蓝、绿任意一种颜色的彩绳，学习平行穿、一字穿、交叉穿等穿鞋带的方法。此游戏可一人玩也可以两人比赛的形式玩。通过该游戏，提高幼儿手眼协调能力、肌肉的灵活性、生活自理能力等。

玩法二：找影子

幼儿任选一个小动物形象，如奶牛、小鸡等，一边说出其名称，一边根据小动物的明显特征，找到其相应的影子。通过该游戏，使幼儿了解几种常见动物的明显特征，体验玩影子游戏的乐趣，提高幼儿细致观察的能力与判断推理能力。

玩法三：编一编，讲一讲

幼儿自由选择摆放布书中所提供的形象，大胆想象图片中发生的有趣事情，进行创造性地讲述游戏。活动中可以个人讲述，也可以同伴共同讲述。讲述场景与内容的多变，能充分调动幼儿创编讲述的兴趣，提高幼儿创想力与语言逻辑能力。

21 去郊游

1.玩具开发

- **玩具名称**:去郊游(布图书)。
- **适合班级**:小班。
- **适合区域**:生活区、益智区。
- **使用材料**:各色不织布、子母扣、纽扣、各色夹子、粗细不等的彩绳、开口环、针线、热熔胶、剪刀等。
- **制作方法**:选择不同颜色的不织布裁剪成正方形并封边,作为布书底面;设计图书中的内容,用不织布剪裁出不同形象,例如人物、景物、动物等;在不同的形象上缝合拉链、纽扣、子母扣等,将做好的各种形象用针线缝合或用热熔胶固定在布书底面;将布书底面左侧间隔打孔,用开口环进行连接,做成完整的不织布图书。

青岛市市南区教育第五幼儿园　宿玉茜

2. 拓展应用

玩法

在农场情景中,幼儿可以自由选择操作图片,练习正确扣纽扣、拉拉链、编辫子的方法,培养幼儿肌肉的灵活性及生活自理能力;在魔幻沙漠游戏情境中,幼儿自由选择布书中提供的不同颜色的图片,尝试用归类、排序等方法为小动物创造出新造型,逐步发展幼儿的逻辑思维能力;还可以自由操作图片创编讲述故事,培养幼儿的创造想象力以及完整、连贯讲述的能力。

22 有趣的故事盒

1. 玩具开发

·**玩具名称**：有趣的故事盒。

·**适合班级**：小班。

·**适合区域**：科学区、语言区。

·**使用材料**：彩色泡沫纸、彩色卡纸、不织布、双面胶、瓦楞纸、泡沫垫子、过塑膜等。

·**制作方法**：先选6块泡沫垫子，分别作为春天、秋天、夏天、海底、池塘、蓝天的背景图，用不织布、泡沫纸、彩色纸等制作树木、海浪、小花、小草、白云、荷花等，并用双面胶固定在每个泡沫垫子上，制作成故事盒子。用白纸画出不同种类的植物、动物和天气等形象，剪下过塑膜制作成操作卡片。

青岛市市南区成武路幼儿园　辛晨沛

2.拓展应用

 玩法一:故事会

　　幼儿根据自己创编故事的需要,选择不同的小动物分别在春夏秋冬或者海洋、陆地等不同的背景图下进行讲述。幼儿通过变换季节和场景,创编故事、续编故事、合作表演。通过操作,发挥幼儿的想象和创造力,提高幼儿的表现能力、语言表达能力、合作交往的能力,体验合作讲述的快乐。

 玩法二:给小动物找家

　　通过操作卡片中的水生类、陆地类、飞禽类等各种动物,幼儿可认知不同的动物形象,说出它们的名字,并将小动物按照名称进行分类,或者按生活习性归类。在辨认、讲述、分类的过程中,增进对动物名称、特征和生活习性的了解,培养观察、分类的探究能力和对动物的喜爱之情。

23 创意故事盒

1. 玩具开发

> · **玩具名称**：创意故事盒。
> · **适合班级**：小班、中班、大班。
> · **适合区域**：语言区、表演区。

· **使用材料**：大纸箱、不织布、图片、过塑膜、剪刀、热熔胶、子母扣。

· **制作方法**：选择不同颜色的不织布，用热熔胶固定于纸箱上，作为讲述背景；将不织布分别制作成各种图案背景及动物、人物，供幼儿拼贴；提供指偶、手袋小动物若干。

青岛市山东路幼儿园 王馥艳

2.拓展应用

玩法一:想象拼摆讲述

幼儿两人或多人合作游戏,根据故事内容从拼摆盒中选择动物角色进行故事讲述;也可根据自己的想法拓展、丰富故事内容。通过拼摆,幼儿能够大胆想象,语言表达能力也能获得发展,并能体验与同伴合作讲述的乐趣与成功感。

玩法二:指偶讲述

幼儿自选纸箱颜色并拼贴太阳、小树等作为背景,根据故事内容选择动物指偶,运用不同的声音、表情模仿故事中的角色进行表演,并能创造性地想象、丰富故事内容。在游戏中,幼儿的口语表达能力和想象力获得提高,体验与同伴合作表演故事的乐趣。

玩法三:手袋讲述

幼儿在纸箱上拼摆背景,选择不同角色的动物手袋讲述故事情节,丰富故事内容,以提高幼儿的语言表达积极性。同时,幼儿的手腕、手指的肌肉动作也获得发展。

24 有趣的讲述盒

1.玩具开发

· **玩具名称**：有趣的讲述盒。

· **适合班级**：大班。

· **适合区域**：语言区。

· **使用材料**：纸盒、废旧水彩笔、不织布、装饰用纸、过塑膜、渔线、手电筒、回形针、热熔胶、海绵纸等。

· **制作方法**：

（1）选择长方形大纸盒去底，即时贴包装装饰纸盒，完成讲述盒的制作；在纸盒空面左右按照前中后、高中低不同层面固定渔线；用不织布、海绵纸裁剪制作卡通人物形象与场景，在其背后粘贴回形针。

（2）将大纸盒底面镂空处制作成长方形框，包上宣纸，完成皮影幕布制作；在过塑膜上彩绘角色并裁剪形状，在其背面吊线，完成吊线皮影制作。

青岛市市南区晨光幼儿园　韩小红　王园园

2.拓展应用

 玩法一：有趣的故事盒

幼儿自由结伴，根据讲述的故事内容选择角色与背景，边构图边讲故事。幼儿可根据故事的情节变化，调动角色和背景前后、左右及高低位置的变动。游戏中，幼儿充分体验创造性讲述的乐趣，从而提高其语言表达、空间方位认知等能力。

玩法二：好玩的皮影

幼儿可自选制作好的"皮影"，也可根据表演的皮影戏内容自绘"皮影"。游戏时，幼儿先将强光手电放置在合适的位置，再和同伴一起表演皮影故事或皮影舞蹈。通过游戏，激发幼儿创造性表演皮影戏的兴趣，充分体验大胆讲述、创意表演、同伴合作的快乐。

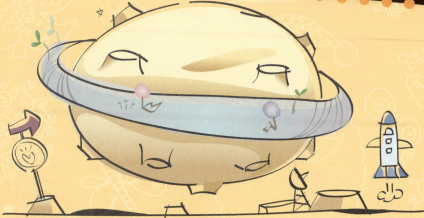

25 沙盘讲述

1. 玩具开发

- **玩具名称**：沙盘讲述。
- **适合班级**：中班。
- **适合区域**：语言区。

　　·**使用材料**：表面光滑尺寸为 80 cm × 55 cm 的木板、围拢四周的模板四块、架高台面的木条四块、太空沙、大小不同的纸盒、毛绒玩偶、木筷、树枝、太空泥等。

　　·**制作方法**：

　　（1）沙盘制作：用木条和木板做成一张小操作桌，将围拢四周的四块模板用胶和钉子围拢固定在桌面的四周形成沙池，放入太空沙。

　　（2）毛绒玩偶：选择接近于成人手掌大小的各种毛绒动物玩偶，固定在一根木筷的一端，扮演故事角色。

　　（3）布景：用大小不同的纸盒粘贴成各种造型的小房子，用彩色的卡纸、树枝、太空泥制作树木和花朵等装饰，布置讲述场景。

青岛市南京路第一幼儿园　刘　敏

2.拓展应用

玩法一：萝卜回来了

　　幼儿自由选择、扮演故事中不同的角色,通过讲述与操作进行故事表演。幼儿通过与同伴合作创设讲述情境,进行故事表演,体验合作讲述和表演的乐趣,发展语言表达能力。

玩法二：创想讲述

　　各种毛绒玩偶、房屋、花草树木等模型都是活动的,幼儿可以根据自己的想象,自主合理布置讲述情境,结合自己的兴趣以及生活经验,进行创编讲述。幼儿在讲述时可与同伴讨论交流故事情节,并根据商讨的内容合作创设相应的场景。这不仅能提高幼儿的合作讲述能力,也能培养幼儿的审美素养。

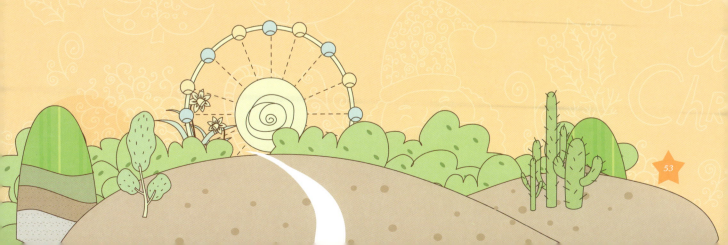

26 欢乐多多大舞台

1.玩具开发

· **玩具名称**:欢乐多多大舞台。

· **适合班级**:中班、大班。

· **适合区域**:语言区。

· **使用材料**:多色不织布、彩色挂钩、彩色丝带、指偶、壁纸、细线绳、花边、粗针线、剪刀、彩色工字钉、热熔胶等。

· **制作方法**:将不织布剪成与纸箱内壁相同的大小形状,粘贴在纸箱内侧,制作大树等图案,用热熔胶将图案拼贴黏合在相应的主题板块中;用壁纸装饰纸箱外侧,用工字钉连接彩色线绳并悬挂下来,作为表演背景台。

青岛市南京路第三幼儿园　刘　洁

2. 拓展应用

玩法一：童心剧场

幼儿自由选择海洋世界、森林王国、游乐场等自己喜欢的背景，操作与背景相匹配的小鱼、狮子等指偶，进行一人或多人故事表演、讲述。在游戏中，激发幼儿的想象力、创造力，充分锻炼幼儿语言表达和合作表演的能力。

玩法二：故事列车

幼儿从故事材料盒中自由选择图片，按照时间、地点、人物的顺序排列在故事列车上，并进行创编讲述。通过游戏，激发幼儿自主讲述的兴趣，锻炼幼儿的逻辑思维和完整讲述故事的能力。

社会领域

27 五彩蛋糕

1. 玩具开发

· **玩具名称**：五彩蛋糕。

· **适合班级**：小班。

· **适合区域**：角色区、生活区。

· **使用材料**：蛋糕盒、不织布、彩带、子母扣、纽扣、挂钩、腈纶棉及其他装饰材料、剪刀、热熔胶、针等。

· **制作方法**：裁剪出大小长短合适的不织布，缝制不同形状的巧克力豆、水果等立体装饰物；选择子母扣等材料用热熔胶粘贴或缝制在合适的位置上。

市南区教育第六幼儿园　朱天然

2. 拓展应用

玩法一:过生日

　　幼儿开设蛋糕房,通过制作、买卖的过程,提高幼儿与人沟通、动手操作的能力;蛋糕制作完成后,将蛋糕送货上门,在娃娃家开展过生日的游戏,在丰富情节的同时,培养幼儿学会关爱亲人,并用适宜的方式表达爱意的能力。

玩法二:创意奶油蛋糕

　　幼儿可以选择各种水果、巧克力豆等不同的装饰物,通过子母扣粘贴、系扣子等方法进行装饰,锻炼幼儿的手眼协调能力和手指灵活性,提高幼儿的生活技能;还可根据装饰物的大小、色彩、形状等元素,运用对称装饰、间隔装饰、创意装饰等方法进行制作,在搭配、装饰的游戏中,培养幼儿的想象力和按规律排序的能力。

28 甜蜜蜜蛋糕坊

1.玩具开发

· **玩具名称**：甜蜜蜜蛋糕坊。

· **适合班级**：小班。

· **适合区域**：角色区、生活区、益智区。

· **使用材料**：各色不织布、针线、大小不同的纽扣、子母扣、拉链、不同形状的泡沫、剪刀、热熔胶等。

· **制作方法**：将塑料泡沫切割成方形、椭圆形、心形、长方形，用不织布按照切割好的形状裁剪、缝制，在接缝处缝制拉链、纽扣、子母扣等，制作好蛋糕胚；用包边、平针、卷边、回针、藏针等缝法制作各种水果、奶油、巧克力棒等装饰材料。

青岛市金钥匙幼儿园　王　莉　孙　洋

2.拓展应用

 玩法一：甜蜜蜜蛋糕店

"顾客"根据宣传图册上蛋糕的形状、口味、花色选择自己喜欢的蛋糕款式,"糕点师"根据顾客的订单要求进行制作;蛋糕坊还可与娃娃家等角色区域互动,开展上门服务订售蛋糕。在蛋糕的订做过程中,顾客与糕点师文明交流;熟练掌握预定、付款等订购程序,发展幼儿语言表达能力、交往能力,丰富幼儿生活经验。

玩法二：小小"糕点师"

"糕点师"可以根据自己的兴趣、喜好,选择不同形状的蛋糕胚,自主选择水果、巧克力、奶油等装饰材料,运用对称装饰、间隔装饰、创意装饰等方法进行制作。游戏中提高幼儿对称装饰、间隔装饰、颜色搭配、点数等认知能力;练习系纽扣、拉拉链、粘贴子母扣等生活技能。

29 好吃的点心

·**玩具名称**：好吃的点心。

·**适合班级**：中班。

·**适合区域**：娃娃家、生活区。

·**使用材料**：不织布、各色线、棉花、拉链、纽扣、剪刀、热熔胶等。

·**制作方法**：先按照不同糕点的形状将不织布裁剪好轮廓，并用相同颜色的线按轮廓缝起来。其中，留下一个小口，进行棉花填充，让物品立体起来。最后，进行封口，并根据不同糕点的特点缝上热熔胶或黏上扣子、拉链等辅助物，做成生日蛋糕、面包圈、饺子、点心等。

山东省商务厅幼儿园　王金清

2. 拓展应用

玩法一：美味糕点

幼儿选择不同颜色、形状的不织布，通过系扣子、拉拉链、粘贴子母扣等组合成蛋糕、寿司、面包圈、饺子等。在制作"美食"中提高幼儿对色彩、形状规律的认知，发展幼儿的动手能力，提高幼儿的交往技能。

玩法二：快乐生日会

幼儿可在娃娃家中进行"快乐生日会"的游戏。游戏中，幼儿扮演爸爸、妈妈等角色，邀请朋友前来参加家庭生日宴会，并为大家烹饪和烤制各种蛋糕、美味点心，共同分享美食。在这一系列的游戏过程中不仅满足幼儿对游戏的需求，而且培养幼儿积极的社会交往能力。

30 水果蔬菜总动员

1.玩具开发

· **玩具名称**：水果蔬菜总动员。

· **适合班级**：中班。

· **适合区域**：角色区、生活区。

· **使用材料**：不织布、线、拉链、摁扣、纽扣、棉花、子母扣、热熔胶等。

· **制作方法**：先按照水果、蔬菜的形状将不织布裁剪好轮廓，并用相同颜色的线按轮廓缝制起来。其中，留下一个小口填充棉花，以让物品立体起来，最后进行封口。根据不同水果、蔬菜的特点缝上或用热熔胶粘上扣子、摁扣、拉链等辅助物，并进行花纹的细节装饰。

山东省商务厅幼儿园　王金清

2. 拓展应用

玩法一：新鲜的水果蔬菜

幼儿选择自己喜欢的水果、蔬菜，在上面系扣子、按摁扣、拉拉链和粘贴子母扣等，进行装饰与拼接水果蔬菜的游戏。

在这个过程中，既增强幼儿小手肌肉的灵活性，又可以发展幼儿的数数、排序、比较大小等认知能力。

玩法二：果蔬小超市

幼儿开办"果蔬小超市"，将水果蔬菜进行分类摆放并标价。游戏中，幼儿分配角色扮演超市中的服务员与顾客，可以由服务员向顾客介绍蔬菜水果及其营养价值；还可以拓展游戏情节，如送菜、配菜等服务。以此可以促使幼儿了解社会环境，使幼儿体验交往的快乐。同时，可加深幼儿对各种蔬菜水果种类、颜色、形状、味道等特征的认知。

31 好吃的食物

1.玩具开发

·**玩具名称**:好吃的食物。

·**适合班级**:小班。

·**适合区域**:角色区(娃娃家)。

·**使用材料**:红、黄、蓝等各色不织布、针线、PP棉、纸黏土、剪刀、热熔胶。

·**制作方法**:

(1)不织布食物的做法:设计幼儿喜欢的食物形状,如三角形、椭圆形等,剪下同样的不织布图案,将剪好的各部位用锁针法缝合,留下一个小口用于塞棉花,塞完棉花后将剩下的小口缝好。

(2)纸黏土食物的做法:将纸黏土捏软,再用手掌反复揉捏成圆球,通过团圆、搓条、压扁等方法塑造成需要的形状之后进行装饰。注意塑形时间不要过长,以免纸黏土变干之后不好连接。

青岛市南京路第二幼儿园　赖　静

2.拓展应用

 玩法：娃娃家

　　本游戏适合多名幼儿共同游戏，幼儿和同伴交流商量确定角色，运用各种成品和半成品通过卷、切割、翻炒、盛放等方法模拟给娃娃做好吃的食物。游戏中，孩子通过互动想象、联系生活经验来扮演角色，创造性地模仿现实生活的活动，为幼儿形成良好的社会交往能力打下基础。

32 烧烤吧

1.玩具开发

·**玩具名称**：烧烤吧。

·**适合班级**：大班。

·**适合区域**：角色区。

·**使用材料**：海绵纸、竹签、卡纸、纸盘、KT板、塑料管、废旧奶盒、泡沫塑料盒、毛线、易拉罐、塑料绳、泥工板、围裙、头巾等。

·**制作方法**：

（1）利用KT板、塑料管、废旧奶盒、卡纸制成烧烤架子，卡纸卷成卷装饰房顶；卡纸和KT板制作灯笼，制成"烧烤吧"的招牌。

（2）利用海绵纸剪成烧烤物品的形状，制作成各种烧烤的物品，如海带卷、茄子片、土豆片、牛肉卷等。

（3）利用废旧奶盒、泡沫塑料盒制作饮料机。

青岛铁路幼儿园　王　敏　林玉华

2.拓展应用

玩法：烧烤吧游戏

幼儿自主协商分别扮演厨师、服务员、顾客，模仿在"烧烤吧"就餐的场景；幼儿根据教师提供的成品、半成品的可穿串材料，按规律、按顾客需求穿串；开展外卖活动，扩大交往的范围，提高交往能力，学会简单的买卖和钱币找零运算，会正确使用礼貌用语感受与"顾客"进行交流的快乐。

33 快乐小屋

1.玩具开发

· **玩具名称**：快乐小屋。

· **适合班级**：小班、亲子班。

· **适合区域**：生活区、益智区。

· **使用材料**：多色不织布、彩色线绳、挂钩、木头坡梯、高密度海绵、宽松紧带、大纽扣、腈纶棉、彩色塑料夹子、粗针线、剪刀、热熔胶等。

· **制作方法**：将海绵包裹在不织布里面，用彩色粗线进行连接缝合，制作出六面体的六个主题板块；用不织布剪贴出五官、图形、水果、衣服等图案，用热熔胶或彩色线绳缝合，黏在相应的主题板块中；最后用大纽扣和宽松紧带，将六面图案连接成六面体。

青岛市南京路第三幼儿园　张秋玲

2.拓展应用

玩法一：灵巧的小手

　　幼儿可扮演娃娃家中的"爸爸""妈妈"分工合作串项链、晒衣服、挂小鱼、摘果子等，在游戏中练习夹夹子、挂挂钩，发展幼儿的精细动作，促进小肌肉动作的灵活性，同时发展幼儿语言表达和社会交往能力。

玩法二：贴贴乐

　　幼儿选择与图案框相对应的图案进行拼贴五官、贴风景画等，增进对五官及景物的认知；还可以提高游戏的难度，玩蒙眼黏贴游戏。幼儿能根据已有的经验与观察的结果，为图形和图案找到相应的位置，提高幼儿的观察力和思维的敏捷性，发展幼儿的认知能力。

玩法三：图形找家

　　小屋的梯子上与墙面都有镂空的几何图形，幼儿可先将镂空处放上相应的图形，然后攀爬坡梯，从图形窗口进入小屋。游戏中可以增加幼儿对图形的认知；在钻、爬动作中，促进幼儿大肌肉的发展，提高身体动作的协调性。

34 多功能巧手架

· **玩具名称**：多功能巧手架。

· **适合班级**：中班。

· **适合区域**：生活区、益智区。

· **使用材料**：木架、泡沫纸、纸壳、曲别针、图钉、珠子、夹子、丝带、讲述用的图片等。

· **制作方法**：

（1）巧手坊：选取木架的一面，用泡沫纸做成花瓶的样子，花瓶中间剪成条形，并用夹子固定在拉线上。

（2）美美屋：选取木架的另一面，把泡沫纸剪成条状，用图钉固定成网状底板，在卡纸上画好小姑娘的形象粘贴在中间位置，把毛线做的辫子固定在小姑娘头的两边。

（3）夹夹乐：木架选取一面，用图钉固定在框架左右两侧，拉上彩绳，用夹子夹住图片悬挂在彩绳上。

（4）穿珠帘：木架选取一面，用瓦楞纸和丝带做好窗帘造型，木架上方固定几个图钉，图钉上拉彩绳，幼儿可练习穿珠帘。

青岛市市南区成武路幼儿园　周　沫

2.拓展应用

玩法一：巧手坊

幼儿用不同颜色、不同宽度和长度的泡沫纸，通过"环形编"和"井形编"等方法装饰花瓶，锻炼幼儿的小肌肉，发展幼儿动手操作的能力。

玩法二：装扮娃娃

通过给娃娃系蝴蝶结、编辫子、系头花打扮小姑娘，锻炼幼儿练习各种交叉穿绳的方法，锻炼幼儿手部肌肉的灵活性。

玩法三：有趣的故事

幼儿将画有各种各样的服装、"爸爸""妈妈"角色的卡片，用夹子夹在晾衣绳上，练习夹的技能，进行排图讲述，引导幼儿大胆创编故事，发展幼儿的想象力和语言表达能力。

玩法四：漂亮的珠帘

幼儿用彩绳穿珠子、曲别针按照颜色、大小等不同的规律穿成串，做成漂亮的珠帘，发展幼儿的排序、归类等逻辑思维能力，提高其手眼协调性以及手部动作的灵活性。

35 巧手妙妙屋

1. 玩具开发

> · **玩具名称**：巧手妙妙屋。
> · **适合班级**：小班。
> · **适合区域**：生活区。
> · **使用材料**：泡沫地垫、不织布、珠子、纽扣、皮筋、毛线、拉链、玩偶眼睛、彩色卡纸、热熔胶、针、线等。

· **制作方法**：选择六块边长为 60 cm 的正方形泡沫地垫拼成正方体，用不织布、毛线等材料制作出孔雀、小鱼、瓢虫、青蛙、小猪、衣服、娃娃脸等按主题装饰在正方体的四个侧面，用热熔胶进行固定。

青岛市市南区教育第五幼儿园　李　莎　刘安琪

2. 拓展应用

玩法一：我给动物穿衣服

提供大小不同的小动物作为游戏背景，幼儿在游戏中学习系纽扣、拉拉链的方法，并通过操作学会一一对应的方法，按颜色、名称分类和有规律的排序，体验帮助小动物的愉快心情，促进手部小肌肉的发展，提高幼儿自我服务的能力。

玩法二：我是编织小能手

创设"我为妈妈做衣服"的游戏情境，幼儿尝试运用空一格串一格的方法搭配不同颜色的彩条编织小衣服。游戏中幼儿可增强对颜色的感知，同时萌发对色彩搭配的兴趣，促进手部小肌肉的发展，提高手眼协调能力。

36 水果火车

1. 玩具开发

- **玩具名称**：水果火车。
- **适合班级**：小班。
- **适合区域**：生活区、益智区。
- **使用材料**：红、黄、蓝、绿、黑等颜色的不织布，红、黄、蓝、绿、黑等颜色的纽扣、暗扣、子母扣等。

- **制作方法**：选取红、黄、蓝、绿等颜色的不织布，做成可爱的火车造型、水果造型以及数字等，然后用暗扣将车厢连接，在车厢的中间用针线缝上子母扣，将水果造型和数字贴在车厢上。

青岛市市南区成武路幼儿园　　陈　华

2. 拓展应用

玩法一：我为水果宝宝穿衣服

　　幼儿可单人玩也可多人玩。选择不同的水果宝宝造型，互相说一说水果宝宝的名字，然后帮水果宝宝穿上花衣服。通过对一对、扣一扣等方法，加强对红、黄、蓝、绿、黑等颜色的认知，锻炼幼儿小手的精细动作，促进幼儿手眼协调发展。

玩法二：火车开起来

　　幼儿可以单人玩也可多人玩。选择不同颜色的火车链条，依次把火车车厢连接起来，然后为小火车装上漂亮的轮子。通过对一对、按一按的方法，对暗扣按类别进行一一对应，锻炼幼儿的手指力量，培养幼儿的专注力，促进幼儿手眼协调发展。

玩法三：水果宝宝坐火车

　　幼儿可以单人玩也可多人玩。创设送水果宝宝上火车游戏情景，先给火车车厢编上1～5车号，然后将数字和水果宝宝上的纽扣数量配对，将水果宝宝依次按照1～5的顺序送上火车，学会数与量的相对应，锻炼幼儿的点数能力，培养幼儿观察、思维能力。

科学领域

37 快乐的小水车

1. 玩具开发

> ·**玩具名称**：快乐的小水车。
> ·**适合班级**：大班。
> ·**适合区域**：户外运动区、科学区。
> ·**使用材料**：木板、转轮支架、废旧的旺仔牛奶桶、废旧的收纳盒、垃圾桶、水龙头、橡皮泥桶、海绵、长水管、塑料水瓶、毛巾、颜料、锯、电钻、热熔胶、砂纸、螺丝等。

·**制作方法**：

（1）用方形不锈钢管焊制水车架，架底为长方形框架，四个架腿处分别安装四个方向轮，方便搬运，架杆制作成不同高度，便于幼儿观察比较。架底部位根据不锈钢框架的大小安装木板，作为底部托盘；架顶部位安装 20 cm 见方的正方形木板，作为顶部托盘。

（2）在底部托盘两侧分别焊接一根等长的不锈钢立柱，顶端打孔，方便叶轮的安装。

（3）使用不锈钢细条焊接"米"字形叶轮架，保证每只叶轮之间的距离、角度相等，"米"字形细条末端安装上用旺仔牛奶桶切割出的小杯，保证小杯方向及安装角度一致。用红、蓝色丙烯颜料对小杯进行涂色。

（4）在底部托盘上安放相应大小的方形收纳盒，在收纳盒外端近底部中间部位钻孔，安装塑料水龙头，便于幼儿放水；在顶部托盘上安放相应大小的方形收纳盒，在收纳盒近底部中间部位钻孔，安装塑料水龙头，便于幼儿调控操作。

（5）用不织布制作卡通太阳形象，装饰在叶轮中心；用即时贴做成水草、小鱼等图案，装饰在收纳盒和接水盒的四周。

海军潜艇学院机关幼儿园　仇　红　王文超　魏　莲

㋛. 拓展应用

玩法一：组装达人

幼儿自行安装水车玩具,将水车飞轮、轴心、螺丝等零件进行简单组装。在组装过程中,幼儿需熟悉玩具结构,熟知每一部分的安装顺序和方法,并会运用拧、旋、按等方法进行安装。在安装、拆卸的过程中,幼儿获得手部小肌肉的锻炼,观察能力、动手能力都得到提高。

玩法二：快乐水车

幼儿操作水车上部水源桶开关,让水流流出,观察水流对飞轮的冲击力,在这一过程中,幼儿需调整水源桶上的水流开关对应位置,让水流能准确地浇注到飞轮叶片上,从而使水车转起来。幼儿能观察到水流速度变化对飞轮转动的影响,还能分辨水流同速时不同高度的水流对飞轮转动的影响。

玩法三：飞轮转起来

幼儿可尝试多种方法让飞轮转起来,可以用木条拨动让飞轮转动起来,观察不同力度对转轮速度的影响;也可借助风力,幼儿使用扇子扇动,让飞轮转起来,观察气流大小及方向对转轮速度的影响。幼儿也可进行"看看谁的飞轮转动快"游戏,在飞轮的转动中感知转动速度与力的关系,萌发对科学探究的兴趣。

38 感官总动员

1.玩具开发

- **玩具名称**：感官总动员。
- **适合班级**：中班。
- **适合区域**：科学区、益智区。
- **使用材料**：即时贴、粗细不同的PVC管、蛇皮管、纸箱、热熔胶等。

·**制作方法**：将适合制作机器人身体、头部和腿的纸盒，用即时贴进行美化包装，并用胶带连接制作成可爱的"机器人"。在"机器人"身体的前后部位钻大小不同的洞，插入粗细不同的PVC管、蛇皮管，每个洞口旁边编上数字号码，同一根管子前后的数字要对应。

青岛市商业幼儿园　项露瑶

2. 拓展应用

玩法一：悄悄话

　　两组幼儿分别站在玩具相对的两边，其中一组幼儿在任意管子口处发出声音让对方倾听。对面的小朋友通过听、猜、辨，找出声音是从几号管子传出来的。猜对后可增加难度，可变换大、小声音继续游戏。幼儿在游戏中感受声音在各种管子中的传播，了解声音传播与管子的长短、粗细，弯度有关；对声音的传播产生兴趣，喜欢听辨各种声音，养成认真倾听的好习惯。

玩法二：接小球

　　为幼儿提供不同材质的球，如木球、玻璃球、橡胶球等。游戏时幼儿分别站在玩具相对的两边，其中一方在任意管子口处滚动小球。对方幼儿根据声音、速度判断小球从哪个管子出来，并迅速作出反应，准确接住小球。感受小球在管子中滚动的路线，了解小球滚动的速度与管子的粗糙、光滑、长短有关。在判断小球的位置并迅速接住小球的活动中，锻炼幼儿听辨声音的能力和手眼协调的能力。

玩法三：找亮光

两名或多名幼儿一组,分别站在玩具相对的两边,其中一方在任意管口打开手电进行照射,让另一方寻找、发现光亮的来源。通过观察,发现光的传播和管子的弯度有关。在平直的管子中,光更容易传播,在寻找探究光源的过程中,体验探索发现的乐趣。

玩法四：运水

尽量选择离水源较近的场地,两名或多名幼儿一组,分别站在相对的两边,其中一方在任意管子口注入水流,让另一方听一听、辨一辨水流将会是从哪个管子里流出,并迅速作出反应,以竞赛的形式为接到水流的加一分,提高游戏的趣味性。通过探索水流在不同管子中的流动,感受水的流动速度与水管的形状、倾斜度相关,倾斜度大而且没有弯度的水管,水的流动速度最快;在尝试接水的游戏中,锻炼幼儿手、眼、脑协调的能力,感受动手操作的乐趣。

39 蛟龙喷水

·**玩具名称**：蛟龙喷水。

·**适合区域**：科学区。

·**使用材料**：乒乓球、铁丝、洗发水瓶、大塑料桶、即时贴、塑料针管、玩具龙、各种形状的海螺壳、蛤蜊壳、鹅卵石和水。

·**制作方法**：首先，沿大塑料桶底部 20 cm 的高度剪下，成小水池状。用即时贴对小水池进行包装装饰，放入海螺、蛤蜊等海洋生物的贝壳，打造"海底世界"。接着用铁丝穿过乒乓球的中心，将铁丝弯成 U 形，两头固定在洗发水瓶子的三分之二高度处。最后将塑料针管胶管一端与洗发水瓶口连接，针头一端固定于玩具龙嘴的下方，做出蛟龙出水口，将洗发水瓶子中装满水，按压洗发水瓶口，水便从蛟龙处喷出，并能让乒乓球转动起来。

青岛市市南区教育第五幼儿园　夏建萍

2. 拓展应用

玩法一：蛟龙喷水

幼儿用右手按住瓶盖部分用力挤压，就会出现水从吸管吸进去，然后再从蛟龙嘴巴吐出来的有趣现象。水喷射到乒乓球上以后，小球会迅速转动，似蛟龙戏珠。幼儿在不断挤压、喷水、观察乒乓球转动的过程中感受压力和吸力，体验到压力和吸力越大，水流速度越快，从而对力的作用产生兴趣，引发探究的欲望。

玩法二：小球快快转

将蛟龙嘴巴对准乒乓球的不同位置，然后用手按压洗发水瓶阀门，水流喷射到乒乓球的不同位置，乒乓球的转速和方向是不同的，幼儿可以探索水流喷射在哪个位置乒乓球的转速最快。幼儿在不断变化操作和观察的过程中，感受到力的大小和方向发生变化，物体运动的方向和速度都会发生改变。萌发幼儿的科学探究意识，对动手操作产生兴趣。

40 水中乐

1. 玩具开发

- **玩具名称**：水中乐。
- **适合班级**：大班。
- **适合区域**：科学区。
- **使用材料**：

（1）活泼的小鱼：水轮、矿泉水瓶、带线的弹簧齿轮、硬铁丝、即时贴、丙烯颜料等。

（2）快乐的海鸟：橡皮筋、泡沫塑料、细铁丝、塑料片、丙烯颜料。

（3）调皮的鲸鱼：橡皮筋、塑料船底、针管注射器、螺丝帽、软吸管。

·制作方法：

（1）活泼的小鱼：先将弹簧齿轮用铁丝穿过，再将矿泉水瓶底部两侧打孔穿上弹簧齿轮，在两侧按上两个水轮，水瓶底部打孔将弹簧齿轮上的线穿出并固定；最后用即时贴将矿泉水瓶装饰成小鱼。

（2）快乐的海鸟：先用泡沫塑料雕刻出海鸟的样子，用颜料绘画使其更加美观；然后在尾部穿孔后用铁丝固定橡皮筋；最后用塑料片制作成四叶水轮，夹到橡皮筋上。

（3）调皮的鲸鱼：先将针管注射器用橡皮筋固定到小船底上，船底放螺丝帽增加重量，再制作小鱼造型贴到船体上，最后用吸管连接两个针管注射器的顶端。

青岛市市南区成武路幼儿园 冯晓菲

2.拓展应用

玩法一：活泼的小鱼

拉动小鱼尾部的线绳，将弹簧齿轮拉紧，然后将小鱼平放到水中，小鱼会在水轮的带动下向前游动。通过观察探索弹簧齿轮与水轮之间的转动关系，以及拉线长短与小鱼游泳距离的关系，初步感受弹力转化为动力的奇妙现象，体验科学探究的乐趣。

玩法二：快乐的海鸟

拨动水轮，使橡皮筋拧紧，将海鸟放到水中后松开水轮使海鸟游动。幼儿在玩耍的过程中感受水轮拨动的方向与海鸟前进方向的关系，并探索皮筋松紧度与行进距离的关系，进一步感知橡皮筋弹力对水轮产生的影响。

玩法三：调皮的鲸鱼

将鲸鱼放到水中，拉动水面上的针管活塞保持中空，鲸鱼会沉到水底；推动针管活塞，鲸鱼会浮到水面上。在实验过程中，探索针管内空气的多少与鲸鱼沉浮的关系，感受到空气可以增加浮力，体验探索物体沉浮的乐趣。

41 好玩的潜水艇

1.玩具开发

- **玩具名称**：好玩的潜水艇。
- **适合班级**：大班。
- **适合区域**：科学区。
- **使用材料**：葡萄糖酸锌口服液玻璃瓶、大塑料瓶、潜水艇图案防水卡片、彩色软胶小豆子、双面胶、小粘贴、水等。

- **制作方法**：将葡萄糖酸锌的小玻璃瓶用吸管在开口处捅出小口，将口服液倒出，在瓶身的两侧粘上潜水艇图案的防水卡片，制作出潜水艇；将彩色软胶小豆子装入大塑料瓶的瓶底，用小粘贴将瓶身装饰成海底世界；将塑料瓶中装入三分之二的水。

青岛市市南区成武路幼儿园　王　苑

2.拓展应用

玩法

　　将"潜水艇"头朝下放入"海洋世界"中,拧紧瓶盖。双手挤压矿泉水瓶没水的部分,空气压力会将水挤到潜水艇中,潜水艇潜到"海底"。手松开,潜水艇重新浮出"海面"。通过直观的实验,将抽象的空气压力变为具象的物体感知,在反复的实验中,幼儿直观感受潜水艇的奥秘,培养初步的探究兴趣和能力。

42 有趣的针瓶喷泉

1.玩具开发

·**玩具名称**:有趣的针瓶喷泉。

·**适合班级**:中班。

·**适合区域**:科学区、美工区。

·**使用材料**:彩色颜料、水、一次性针管、塑料饮料瓶、热熔胶等。

·**制作方法**:将塑料饮料瓶盖钻一个小孔,把一次性针管的针头插入瓶盖卡住,用热熔胶将两者进行粘固、密封;将瓶内根据需要灌上彩色的颜料水将瓶盖拧紧,用即时贴对瓶子进行简单装饰。

青岛市市南区教育第五幼儿园 吴莉莉

2.拓展应用

玩法一：快乐喷泉

幼儿推拉针管,针头会喷射形成"喷泉"。幼儿用不同的力度和速度推动针管,观察发现越用力推针管,喷泉喷得越高,水花越大;观察发现水瓶中水花四溅的不同变化形态与推拉针管力度的关系;观察发现针管中液体的容量跟"喷泉水柱"高度的关系。在游戏中感受空气的存在和气压变化的不同。

玩法二：有趣的"喷枪"画

幼儿根据自己的喜好选择不同颜色的水注入瓶子,将吸满彩色颜料的针瓶变成彩色"喷枪",站在指定位置线上开始喷射作画,看看谁的喷枪喷得远、喷得准,并且能喷出好看的图案。在游戏的过程中感受空气的压力与喷射距离和速度的关系,体验不同艺术创造形式的乐趣。

43 颜色变变变

1.玩具开发

颜色变变变

·**玩具名称**：颜色变变变。
·**适合班级**：小班。
·**适合区域**：科学区。

·**使用材料**：小方桌、木条、塑料杯、一次性输液管、螺丝钩、玻璃瓶、颜料、配对提示色卡、花布、子母扣等。
·**制作方法**：先在小方桌上均等距离挖出6个小凹槽，在方桌两侧用木条制作支架，支架中央安装螺丝钩，用于悬挂瓶子。再将3个一次性输液管的针头部分剪掉，倒挂在支架的螺丝钩上，输液管里面分别根据不同玩法的要求注入清水或者带有颜色的水。最后根据尺寸将花布剪裁、包边，用子母扣进行固定。

青岛市公安局幼儿园　滕晓斐

2. 拓展应用

玩法一:水宝宝变魔术

　　将 3 个瓶子中注入三分之一的清水,瓶子内瓶盖中分别涂满红、黄、蓝水粉颜料。幼儿任意选择一个装清水的瓶子,边念儿歌边用力地上下摇晃瓶子:"小小瓶儿摇啊摇,小小瓶儿变变变。"此时清水和瓶盖上的水粉颜色发生混合,幼儿会发现瓶子里的水变成了不同的颜色,在认识红、黄、蓝不同颜色的同时,了解颜料溶于水可以改变水的颜色,对颜色产生探究的欲望。

玩法二:颜色对对碰

　　将 3 个吊瓶悬挂在支架的螺丝钩上垂下来,幼儿根据提示纸上红 + 蓝 = ? 黄 + 蓝 = ? 红 + 蓝 = ? 的操作提示,滚动吊瓶的针管控制阀,分别将两种不同的颜色滴在塑料杯中进行混合,并将混合后的色彩记录下来。幼儿还可以根据自己的意愿自由配色,充分感受不同颜色混合变化的神奇。培养幼儿的动手操作能力,体验动手操作探究的乐趣。

44 有趣的电

· **玩具名称**：有趣的电。

· **适合班级**：中班、大班。

· **适合区域**：科学区。

· **使用材料**：玻璃瓶、电线、曲别针、灯泡、PVC管、木棍、铁丝等。

· **制作方法**：

（1）灯泡发光。用3个玻璃瓶做灯泡的灯罩，每个灯泡分别连接两根电线，其中一根电线连接电池，电线两端固定曲别针。用纸盒罩住电线部分，将电线尾端接头留在外端。

（2）发报机。用木棍、塑料板和铁丝做支架，用电池的正负极分别连接两根电线并连接小喇叭，其中一根电线连接支架上的铁丝，另外一根电线利用金属导电的原理触碰铁丝时，产生电流。

（3）信号灯。选择红、黄、绿灯泡串联电池并固定在圆形卡纸上，再粘贴在PVC管中，最后固定矿泉水瓶做灯罩。

青岛市人民政府机关幼儿园　于亚莉

2.拓展应用

玩法一：灯泡发光

尝试将不同的电线分别连接，连接正确时灯泡就会发光。初步了解电池、灯泡串联发光的原理，感受电在生活中的应用。

玩法二：发报机

让带电的金属头接触铁丝时，就会发出电流的声音。通过移动电线金属头，接触其他物品，发现塑料、木棍等都不会发出声音，探索导电现象及电流产生振动、振动发声的现象，感受电力小实验的乐趣。

玩法三：信号灯

连接不同颜色灯泡的线路，灯泡就会分别发出红、黄、绿不同颜色的光。通过游戏，使幼儿了解光变色的方法，乐于积极探索、发现身边的科学现象。

45 极速飞车

1. 玩具开发

· **玩具名称**：极速飞车。

· **适合班级**：中班。

· **适合区域**：科学区、益智区。

· **使用材料**：冰糕棍、小木棍、细铁丝、轮子、小电机、电线、电池盒、电线钳、彩色卡纸、白胶、热熔胶等。

· **制作方法**：用小木棍、冰糕棍拼搭摆出赛车的造型，用热熔胶将冰糕棍、小木棍进行黏固连接。在木棍的两侧打孔，用细铁丝将赛车的四个车轮连接组合。最后用电线钳将电池盒和小电机分别粘贴连接在汽车的两侧，并用彩色卡纸进行装饰。

青岛市市南区教育第五幼儿园　吴莉莉　李　艳　刘　俊

2.拓展应用

玩法一:汽车工厂

幼儿操作组装汽车,选择并安装合适的电池,让小赛车跑起来。通过观察、比较、操作、实验,了解有关电池的小知识,认识电池的特征、正负极及作用,体验成功安装电池后小汽车行驶的喜悦,培养幼儿的动手能力和对科学探索活动的兴趣。

玩法二:挑战新赛道

提供布、彩色海绵等辅助材料,幼儿自己搭建不同坡度、不同材料的跑道。操作小车在不同材料、不同坡度的跑道上滑行,反复观察、比较,感受汽车下滑速度与斜坡的高度、跑道的光滑度有关,初步感受摩擦力的存在,萌发幼儿探究的兴趣,体验合作游戏与竞赛游戏的快乐。

玩法三:快乐的大马路

幼儿自由选择身边的废旧材料制作马路上的红绿灯、楼房等,开展"快乐的大马路"游戏。通过设置各种标线、制定交通规则等,加深对交通规则的了解,知道遵守交通规则的重要性,树立遵守交通规则意识。

46 热闹的马路

1.玩具开发

· **玩具名称**:热闹的马路。

· **适合班级**:大班。

· **适合区域**:科学区、生活区。

· **使用材料**:表面光滑的木板、圆柱板块4个,内部装有磁铁的车辆、交警和行人模型多个,一端嵌有磁铁的木质手柄4个;电线、电池、螺丝钉、小灯泡等制作信号灯的材料;毛线、双面胶、卡纸、太空泥等创造性场景制作辅助材料。

· **制作方法**:

(1)路面制作方法:在尺寸为100 cm×60 cm的木板表面平整粘贴灰色即时贴作为马路,用白色的即时贴剪贴人行横道线、不同方向的导向箭头、白实线、白虚线等,合理设计一条现代化马路。在马路的四角区域设置住宅区,用彩色毛线进行缠绕,装饰住宅区的地面,用太空泥、绸带等制作路边的树木和花朵,装饰美化马路。

(2)信号灯制作方法:先连接两个木条组装成信号灯的支架,然后在支架上穿一个孔,将两根电线从孔中穿过。在孔的两侧将3根正极电线分别绑3个草帽螺丝钉固定在木头上,把电线从螺丝钉孔内穿过。这样,3根负极线一端跟电阻连接在一起,正极一端和电池盒连在一起,连接成信号灯的线路。最后把电池盒中装入电池,分别把铁夹夹在3个螺丝钉上,使不同颜色的灯亮。

青岛市南京路第一幼儿园　阴　岩

2.拓展应用

玩法一:我是小小交通警

　　幼儿扮演交通警察,将电池安装在线路电池槽中,通过操作线路连接点,控制马路两侧的信号灯,将鸭嘴接头连接红灯线路,则红灯亮,连接绿灯线路则绿灯亮。幼儿在安装电池、控制红绿灯、做小交警指挥车辆的游戏中,初步探索、认识电池的正负极,感受电会使灯泡发光的特性,对电的探究产生兴趣,同时认识信号灯的重要作用。

玩法二:马路设计师

　　各种人物、房屋、交通指挥台、树木、信号灯等模型都是活动的,幼儿可以结合自己平日对马路的认知经验,做有创意的设计师。通过与同伴协商、规划,自主、合理地设置交通道路和马路上的景致,讨论协商制定交通规则,并按照交通规则安排行人和车辆的通行,加深对各种交通标志线的认识,增强交通规则意识,提高幼儿的合作能力。

玩法三:我是小司机

　　幼儿手持磁性木柄,用木柄一端的磁性控制带有磁性的车辆,初步感知磁铁的特性。在操作车辆的游戏中,幼儿不仅要遵守交通法规行驶或停止车辆,还要关注前后左右行驶的车辆以保持车距,同时注意避让路上的行人,做到"车让人",做一名文明驾驶的小司机。幼儿在模拟体验小司机的活动中,体验游戏的快乐,了解文明驾驶的重要性。

47 环保吸尘车

1. 玩具开发

·**玩具名称**：环保吸尘车。

·**适合班级**：大班。

·**适合区域**：科学区、社会区。

·**使用材料**：优质杯、电池箱、马达、风叶、泡沫方块、独立开关、连接导线、螺丝螺母、电池、矿泉水瓶、不织布等。

·**制作方法**：用优质杯做车身，将杯底切开，装好开关。将马达按入马达座，找一个长 10 cm 以上的冰糕棍，在下面支撑住风叶，再把马达的中心轴敲到风叶的孔里，并将电线与马达相连接。将剪切掉底部的饮料瓶塞入到杯子里，尽量用力均匀，然后按电池箱里正负极标示装好两节 5 号电池，最后将制作好的玩具用大号的饮料瓶套住进行装饰。

青岛市市南区新世纪幼儿园　翟梦媛

2.拓展应用

 玩法一：小车动起来

　　幼儿大胆猜想并尝试自己动手安装电池，通过观察、比较与分析，探索出安装电池的正确方法，使吸尘器上的马达风扇转动。在探索过程中，及时将每一次的安装结果进行记录，并根据多次操作的实验结果，总结出电池有正、负极，电池上的"＋"对应电池盒里的"＋"，电池上的"－"对应电池盒里的"－"，只有正负极安装正确，才能使吸尘器正常运行，初步了解电池的安装方法。

 玩法二：小小清洁工

　　"小小清洁工"按照正确的方法安装电池，打开吸尘开关，开着环保吸尘车清理道路上的纸片、泡沫等各种灰尘。清洁工作完成后，打开环保吸尘车的后盖，将里面的灰尘清理出来，并进行可回收和不可回收的垃圾分类整理。通过操作、观察，感知环保吸尘车里的风叶通过电机的转动而产生气流，达到吸附道路灰尘的功能，初步养成良好的环保意识。

48 奇妙转转转

1.玩具开发

· **玩具名称**：奇妙转转转。

· **适合班级**：大班。

· **适合区域**：科学区。

· **使用材料**：小电机、盒子、双面胶、电池盒、鳄鱼夹接头、海绵纸、彩色卡纸等。

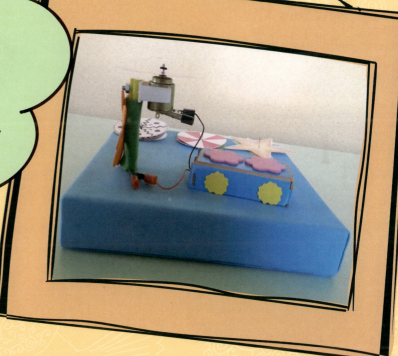

· **制作方法**：在盒子内将小电机和电池盒连接成电路，将鳄鱼夹接头伸出盒子。用海绵纸制作转盘、各种图形的卡片。放上电池，将鳄鱼夹连接电池，转盘能够转动。

青岛市市南区新世纪幼儿园　张闻晏

2.拓展应用

 玩法一：魔力发电师

　　幼儿选择型号适宜的电池，按照正确的方法装入电池盒内，将鳄鱼夹接头连接电机，让小电机连通电路而旋转起来，初步探究发电的奥秘。

 玩法二：旋转魔术师

　　幼儿选择不同图案的卡片放在小电机的顶端芯柱上，连通线路让卡片旋转起来，观察各种图案盘旋转时，色彩和形状发生的奇妙变化，形象地感知电力旋转和视觉暂留现象。幼儿可以大胆想象并自主设计不同花纹的图案卡片，了解更多视觉暂留现象，激发更浓厚的探究兴趣。

49 虎口脱险

1.玩具开发

·**玩具名称**：虎口脱险。

·**适合班级**：大班。

·**适合区域**：科学区。

·**使用材料**：电池盒1个、小灯泡3个、5号电池两节、电线、纸盒子、KT板、彩纸、铁丝等。

·**制作方法**：将电线、电池盒在纸盒子里面设计固定成线路，电池盒子里放两节5号电池，电池的正极和小动物连接，电池的负极和铁丝连接。用KT板和彩色纸做成老虎头的形象，眼睛和嘴巴安装上小灯泡，并和线路连接。

青岛市市南区实验幼儿园　葛敬欣

2. 拓展应用

玩法一：小兔子采蘑菇

幼儿手拿画有小白兔的铁环，通过老虎面前的"直直的或弯弯的洞穴"，如果铁环碰到"洞穴"，老虎的嘴巴小灯泡就会亮，表示小兔子就被老虎吃掉了，否则就表示小兔子虎口脱险成功，可以采到蘑菇。幼儿通过观察、操作，了解金属材料导电的现象，增强对科学探索活动的兴趣。

玩法二：新龟兔赛跑

两名幼儿分别操作画有小乌龟的铁圈和画有小白兔的铁圈，一个走直路，一个走弯路，努力通过老虎的"洞穴"，看谁能先走到终点。老虎的眼睛和嘴巴没有亮灯就表示"虎口脱险"成功。活动中幼儿操作手中的铁圈沿直线和曲线行进，锻炼手眼协调的能力，培养幼儿的坚持性。

50 动力船

1. 玩具开发

- **玩具名称**：动力船。
- **适合班级**：中班、大班。
- **适合区域**：科学区。
- **使用材料**：亚克力板、吹塑板、橡皮筋等。
- **制作方法**：用亚力克板和吹塑板制作3只船体，一只大，两只同小。制作螺旋桨3个，一大两小与船体相符，固定在船的尾部。最后将橡皮筋绷在船体尾部，动力船就做好了。

青岛幼儿师范学校附属幼儿园　崔正家

2.拓展应用

玩法一：单艘小船玩一玩

幼儿取单艘小船，轻轻向后方转动螺旋桨，通过螺旋桨的转动将橡皮筋紧紧地绷起来。转动螺旋桨到一定的圈数后，捏紧螺旋桨，将小船平放水中。在橡皮筋的带动下，螺旋桨也随之转动起来，这时小船就会向前行进，幼儿感知弹力可以产生动力的现象，体验玩动力船的乐趣。

玩法二：两只小船玩一玩

将两只大小相同的小船，选择不同大小的螺旋桨，同时将小船平放水中，两人转动螺旋桨的圈数一样，探索小船前进的速度是否相同。也可以将两只大小不同的小船，安装相同大小的螺旋桨，探索大小不同的两只船，螺旋桨相同，推动小船前进的速度是否相同，获得更多的游戏乐趣。

51 弹珠高速路

1.玩具开发

·玩具名称：弹珠高速路。

·适合班级：大班。

·适合区域：科学区。

·使用材料：亚克力透明管、螺旋PVC软管、素陶花盆、素陶盘、丙烯颜料、强力胶、塑料珠、木制珠、玻璃珠等。

·制作方法：

（1）选取粗细两种尺寸的亚克力透明管和同尺寸的PVC软管。粗管作为高速路立柱，用素陶盘和素陶花盆作为立柱底座，构成高速路支架。

（2）在高速路支架上按照不同高低的位置设计钻孔，然后将细管和软管有机穿入组合，形成快速路的跑道。将多个纸盘中间钻孔，串在细亚克力管上下不同位置作为小型旋转高速路。

（3）在跑道的两端分别设计多处入口和出口。

青岛市市南区新世纪幼儿园　张燕平

2.拓展应用

玩法一：弯道高速路

将跑道组合成弯道,把塑料珠、木制珠、玻璃珠等不同材质和大小的弹珠分别放入弯道高速路的一处或两处入口,探索不同材质、大小的弹珠在经过同一坡度、同一长度弯道时的速度不同。也可以将相同材质的弹珠,同时放入不同入口,然后探索相同材质的弹珠经过不同坡度和不同长度弯道时的速度也不同。幼儿通过实际操作养成乐于探究的科学品质。

玩法二：直道高速路

将跑道组合成直行跑道,把不同材质和大小的弹珠分别放入直道高速路,探索观察弹珠滚动速度特点,了解珠子在直道快速路上滚动的现象。

玩法三：自由创意搭建高速路

将各个高速通道进行拆装,利用高度不同的底座创意搭建连接成不同高度和坡度的高速路,观察弹珠滚动的变化,激发幼儿探究滚珠滚动的欲望。

52 快乐飞艇

1.玩具开发

- **玩具名称**：快乐飞艇。
- **适合班级**：大班。
- **适合区域**：科学区。
- **使用材料**：盒子、打印纸、胶带、气球、橡皮筋、曲别针、渔线、扣子、吸管、双面胶等。
- **制作方法**：用塑料隔板将盒身分隔成大小不同的8格，分别放入不同材质的纸、胶带、气球、橡皮筋、曲别针、渔线、扣子、吸管、双面胶等；用盒盖的一个支撑面图文并茂地展示玩飞艇活动的规则；用另一个支撑面展示制作玩具的详细步骤图。

海军示范幼儿园　李佳佳

2. 拓展应用

玩法一：制作好玩的飞艇

提供不同粗细吸管制成的飞艇排气筒若干，幼儿根据自己的需要结合图示进行组装并进行装饰。锻炼幼儿动手制作的能力，体验与同伴一起合作玩飞艇的乐趣。

玩法二：飞艇飞起来

2名或3名幼儿共同游戏，由一名幼儿负责拉线，其他幼儿铺设好飞艇跑道，幼儿分别将气球吹气后，手捏出气口，将飞艇放置起跑线处松手进行游戏，幼儿观察飞艇飞行距离远近。此游戏幼儿可以轮流做，可变换不同粗细的吸管和变化气球的大小进行反复对比游戏。了解"排气筒"的粗细、空气推力大小与飞艇运动的关系，感受快乐飞艇的神奇。

53 丰收的粮仓

1.玩具开发

- **玩具名称**：丰收的粮仓。
- **适合班级**：小班。
- **适合区域**：科学区、语言区、生活区。
- **使用材料**：纸盒、KT板、奶粉桶、泡沫胶、即时贴、大米、一次性筷子、玻璃瓶、太空泥、打印好的小栅栏图片等。

·**制作方法**：先将准备好的纸盒用绿色即时贴包好，周围粘贴上打印好的小栅栏进行装饰。根据盒子的大小剪裁绿色的KT板粘贴在盒子的一面，粘贴农场的场景图画，做成背景墙。再将准备好的奶粉桶用泡沫胶将其包好装饰成粮仓，并用扇形泡沫胶围合成一个锥形帽当粮仓的盖子。粮仓下半部分可以用即时贴粘贴出砖墙的样式。最后，准备几个大小不一的玻璃瓶子和几根长短、粗细不同的筷子，把红色和金色即时贴分别剪成1 cm宽的长条，把红色长条粘贴在瓶口处作为装米的标志线，金色长条粘贴在筷子上进行装饰。

青岛市市南区教育第五幼儿园　陈　平　李　萍

2. 拓展应用

玩法一：装粮食比赛

幼儿把小瓶子放在"晾晒场"上，一手扶住瓶子，另一手用小勺舀起大米并装进玻璃瓶子里，一直装到红色标志线为止，可以两名幼儿共同参与活动，比赛看谁先将瓶子里的米装满。在快速装大米的过程中，提高幼儿独立使用勺子的能力，锻炼双手的配合能力及手眼协调力。也可以根据幼儿能力需要，将大米换成大豆，提供小夹子。通过比赛夹豆子的活动进一步提高幼儿小手肌肉的控制力，激发其动手操作的兴趣。

玩法二：运米入仓

将筷子用力插进装满大米的瓶子里，用手用力压瓶口的大米，使瓶子里的大米紧紧地将筷子挤住，轻轻提起筷子，瓶子也会随之提起，然后将大米运到"粮仓"处，打开"粮仓"的盖子，将大米倒进"粮仓"里。通过运大米的游戏，初步感受物体摩擦力的奇妙现象，萌发探究科学现象的兴趣。

玩法三：粮食丰收了

幼儿将"晾晒场"上的大米全部运进"粮仓"后，可利用农场的场景作为故事讲述背景，根据不同的故事内容，选择小动物、背景等辅助材料，与同伴合作讲述故事。幼儿在自由、宽松的游戏环境中，大胆操作、自由创编，合作讲述表演故事，提高语言组织和表达能力以及想象能力。

54 多功能游戏桌

1. 玩具开发

· **玩具名称**：多功能游戏桌。
· **适合班级**：大班。
· **适合区域**：益智区、科学区。

· **使用材料**：木头、三合板、白色棉布、PVC管、丙烯颜料、彩色卡纸、黑色卡纸、玩具汽车、手电筒等。

· **制作方法**：桌面用三合板切割成正方形，外框涂黄色丙烯颜料，内框涂白色丙烯颜料后用记号笔画成棋盘；白色布做幕布、穿上PVC管固定好，与桌子连接，用丙烯颜料在布上涂画出背景；黑色卡纸剪出剪影、用卡纸自制交通标志、斑马线、楼房等；彩喷小兔、蔬菜、萝卜卡片若干。

青岛市金钥匙幼儿园　刘　芳　李振宇

2. 拓展应用

玩法一：剪影小剧场

　　幼儿利用动物剪影、手电筒等进行合作表演，一名幼儿在幕布前用手电筒进行投影，多名幼儿在幕布后通过移动剪影形象进行故事表演。游戏中，幼儿能够积极探索影子的秘密，大胆参与剪影表演，语言表达能力获得发展。

玩法二：安全出行

　　幼儿2～4人共同开展游戏，自由插放交通安全标志，创设马路、小区环境。每位幼儿手持玩具小汽车，轮流担任小司机按照交通指示牌前行，想办法绕过障碍，并避让车辆及行人。幼儿亦可扮演交通警察、行人，不断增强游戏的难度。通过游戏帮助幼儿了解交通规则，使幼儿从小养成遵守交通规则的习惯。

55 动物乐园

1.玩具开发

·**玩具名称**:动物乐园。

·**适合班级**:小班。

·**适合区域**:益智区、语言区。

·**使用材料**:各种贝壳、矿棉板、磁铁、即时贴、丙烯颜料、太空泥、卫生纸筒、纸盒、小木棒、热熔胶等。

·**制作方法**:

(1)用即时贴包矿棉板,再用丙烯颜料画出池塘做底座。

(2)将纸盒用彩色包装纸包好,在屋顶、窗户和墙面下方粘贴上贝壳,做成贝壳小屋,小屋内做桌子、小床,用纸筒、贝壳制作出小树,作表演背景使用。

(3)各种贝壳涂上丙烯颜料,用热熔胶将贝壳拼黏在一起,做成乌龟、小猪、孔雀、小鸭、青蛙、小鸟、小鱼等贝壳动物。

青岛市市南区机关幼儿园　林艳军

2.拓展应用

玩法一:小动物做游戏

排队游戏:小动物的名称、数量、颜色、大小各不相同,小朋友可以点数小动物的数量,根据身上的数字给它们排队,也可以根据颜色或大小进行分类和排队。幼儿在各种数字游戏中学习点数、分类、排序,发展幼儿对数与量的认识。

讲故事游戏:幼儿选用自己喜欢的贝壳动物角色,根据背景和角色进行故事创编,并相互讲述,不仅发展了幼儿的语言表达能力,更培养了幼儿交往合作的能力。

玩法二:钓小鱼

池塘里游着许多漂亮的小鱼,小朋友用钓鱼竿钓起小鱼后,可以通过小鱼身上不同的点数数量,找到相对应数字的盘子,把小鱼放到盘子里。引导幼儿在玩的同时掌握正确点数的本领和认识磁铁的特性。

玩法三:神秘的小屋

小朋友用手电筒照射小屋,玩影子的游戏,讲述自己发现的秘密,了解影子形成的原因,知道光离着物体近影子小,光离着物体远影子大的道理。还可以和小朋友玩捉迷藏的游戏,猜猜什么小动物不见了,发展孩子的记忆力和注意力。

56 百变游戏箱

1.玩具开发

- **玩具名称**：百变游戏箱。
- **适合班级**：中班、大班。
- **适合区域**：益智区、表演区。
- **使用材料**：大纸箱、KT板、即时贴、海绵纸、硬纸板、吸管、磁铁、充气锤子、针线等。
- **制作方法**：将大纸箱开4个正方形小洞作底座，用KT板制作长条伸缩板穿过小洞至箱后，长条板前端粘贴卡通小老鼠；纸箱后侧粘贴KT板，装饰上太阳、花、蝴蝶和大树等作为背景，银色即时贴拼贴池塘；无纺布制作手偶玩具、小鱼，小鱼上添加曲别针；利用废旧长棍和绳制作钓鱼竿，吊线末端系一块磁铁做鱼钩。

青岛市市南区教育第五幼儿园　朱雪娟　黄　雪

2.拓展应用

玩法一：谜语垂钓

　　两名幼儿合作游戏，分别用带有磁铁的钓鱼竿钓起磁铁小鱼，根据小鱼背面的谜语进行猜谜游戏；如能猜出谜底，幼儿则获得一条小鱼；如猜不出谜底，就将小鱼放回池中，最终获得小鱼最多者为获胜者。通过钓鱼游戏激发幼儿对猜谜游戏的兴趣，培养幼儿参与游戏的专注力，引导幼儿体验两人合作游戏的快乐。

玩法二：布偶剧场

　　幼儿根据自己的意愿选择要表演的剧目，同伴协商、分配故事角色，并选择布偶，共同布置小舞台；然后幼儿运用不同的声音、表情模仿故事中的角色，并能创造性地想象、拓展，丰富故事内容。在表演过程中幼儿的口语表达能力和想象力获得发展，同时体验到与同伴合作表演故事的乐趣。

玩法三：打地鼠

　　两人合作游戏，一名幼儿在游戏箱后利用操纵杆控制老鼠出洞，另一名幼儿手持小锤，迅速地判断并发现老鼠从哪个地洞出来，以最快的速度击打出洞的小老鼠。游戏过程中，相同的时间内打到老鼠最多的幼儿获得胜利。通过打地鼠游戏，幼儿的手眼协调能力以及灵敏的反应力获得发展，同时体验与同伴合作游戏的快乐。

57 汽车乐园

- **玩具名称**：汽车乐园。
- **适合班级**：大班。
- **适合区域**：益智区、科学区。
- **使用材料**：各色即时贴、小汽车模型、废旧的盒子、万通板、砂纸、地垫、瓦楞纸、剪刀、图钉、双面胶等。

制作方法：正方形的万通板当底板，外贴即时贴装饰成马路，马路上有斑马线、红绿灯、标志牌、停车场、行驶的各类车辆；利用废旧的纸盒、即时贴、万通板等，拼接、组合制作成立体停车场、动感地带及激情车道。

青岛市南京路第三幼儿园　刘旭宁　张秋玲

2.拓展应用

玩法一：汽车小乐园

　　多名幼儿一起游戏。幼儿自由选择汽车乐园中的数字智能停车场、动感地带、激情车道等某一区域，根据马路上的交通规则，安全、正确地行驶车辆。游戏中，幼儿能够主动探索、交流、合作分享、社会交往等良好品质获得发展；懂得基本的交通秩序，能遵守马路上的交通规则。

玩法二：智能停车场

　　幼儿根据汽车上的数字或点卡、组合算式等计算出得数，找到相应的立体或平面停车位。如小汽车上贴的是5个点，幼儿要找到地面上相对应的2和3合起来是5的平面停车位；如小汽车上是1＋2，就要将小汽车停放在立体停车场3号车库。游戏中，幼儿能够积极动手、动脑，体验解决数学问题的乐趣。

玩法三：汽车拉力赛

　　幼儿选择同样大小的车辆，在不同高度坡面或者不同阻力坡面上行驶，比较它们的速度；并将每次实验的结果记录下来。幼儿在玩车的过程中，通过实验探究发现车的惯性、不同路面的摩擦力大小等科学现象，体验参与科学游戏的情趣与快乐。

58 有趣的动物园

1.玩具开发

玩具名称：有趣的动物园。

适合班级：中班。

适合区域：益智区、生活区。

使用材料：纸箱、扣环、海洋球、回形针、粗吸管、太空泥、不织布、线绳、圆形铁环、即时贴、小动物毛绒玩具、剪刀、热熔胶、裁纸刀等。

·**制作方法**：

（1）将正方体纸箱做成房子，其中3个侧面镂空，每个面装饰成小虫、小鱼、竹子的背景。这3个侧面的上面和下面分别固定4个铁环。

（2）竹节：将粗吸管截段、涂色做成竹节，用超轻黏土捏成的竹叶装饰。小虫：用彩色不织布根据扣环的形状剪出并添画成小虫的样子，用热熔胶固定在相应形状的扣环上。小鱼：用海洋球做成小鱼，在小鱼的背部及腹部各开小洞，方便回形针穿过。

青岛市湖南路幼儿园　纪　静

2.拓展应用

玩法一：动物宝宝开饭啦

　　幼儿用长绳将竹子、竹叶按照不同的规律串起来，然后系在纸箱侧面上、下铁环上。还可将扣环制作的"虫子"按形状或颜色分类，再进行组合连接。在排列、搭配、组合、连接的过程中，锻炼幼儿的观察能力和动手操作的能力，促使幼儿遇事会积极动脑思考解决问题的意识。

玩法二：小猫和小鱼

　　幼儿将小鱼与回形针进行连接，根据回形针的数量和小鱼的颜色进行规律排列组合。因为回形针的连接和分离稍有难度，教师可先引导幼儿尝试回形针的连接和分开，找到迅速连接的有效方法，然后再串联上小鱼，从而形成一串串颜色鲜艳的鱼帘。此游戏可以锻炼幼儿的思维能力及手部小肌肉的灵活性。

59 智慧动物棋

1.玩具开发

- **玩具名称**：智慧动物棋。
- **适合班级**：大班。
- **适合区域**：益智区。

小兔拔萝卜棋

小猫钓鱼棋

跳跳龟棋

老虎棋

- **使用材料**：彩色泡沫垫、各色不织布、子母扣、扣子、剪刀、针线、太空棉、热熔胶等。
- **制作方法**：将不织布裁剪成所需棋盘的形状，如长条、不规则的石块形，用热熔胶黏在彩色泡沫垫上；用不织布剪裁成乌龟、小兔、胡萝卜等双层的棋子形象，放入太空棉后用针线沿外形缝合，黏上花纹不同的扣子进行装饰。

青岛市山东路幼儿园　刘　佳

2.拓展应用

玩法一：小兔拔萝卜棋

两种颜色的小兔子作为棋子。轮流撒骰子确定前进的步数,小兔分别沿箭头方向前进。当小兔子先后跳到同一个格子上时,原先在格子内的小兔子要回到起点重新开始,先到达终点拔到萝卜的小兔获得胜利。在游戏中,幼儿能与同伴协商、合作,语言交流能力获得提高,同时锻炼了幼儿的逻辑思维能力和培养了其坚忍不拔的品质。

玩法二：小猫钓鱼棋

幼儿两人轮流撒骰子,根据骰子上的点数来确定自己的小鱼往前游几步。当撒出的数字停留在小猫的格子上,后退一步;停留在大猫的格子上,后退两步,先游回家的小鱼为胜利。在游戏中,幼儿能与同伴协商制定游戏的规则,并主动遵守规则;熟练掌握钓鱼棋的下法,体验与同伴对弈的快乐。

玩法三：老虎棋

幼儿一方代表老虎,只有一粒棋子;一方代表猎人,有三粒棋子,"猎人"一至三人均可。开棋时双方均可占先,每次只能走一步,"猎人"要设法将"老虎"赶上山顶为胜。在对弈的过程中,幼儿能够遵守游戏规则,仔细思考、布局,逻辑思维能力获得提高,通过与同伴的交流、对弈,体验棋类游戏的快乐。

60 多功能沙包

1. 玩具开发

·**玩具名称**：多功能沙包。

·**适合班级**：中班、小班。

·**适合区域**：益智区、生活区。

·**使用材料**：布、珍珠棉、不织布、子母扣、摁扣、纽扣、拉链、绳、剪刀、针线、尺子、热熔胶等。

·**制作方法**：

（1）用布缝制一组边长为 30 cm 大小的正方体，里面塞满珍珠棉，然后用不织布裁剪出幼儿喜爱的卡通形象。在这些卡通形象上分别缝制上纽扣、子母扣、拉链、摁扣等材料供幼儿操作、练习。

（2）用布缝制正方体的 6 个面，里面塞上 0.2 mm 厚的海绵，然后在每个面的边上分别缝上子母扣、摁扣、纽扣，同时每个面上缝制若干扣、系、拉链的拼摆材料。

青岛市市南区教育第二幼儿园　万　琪

⒉拓展应用

玩法一：六面益智沙包

　　每个面有不同的游戏内容。如"我给小熊穿衣服"游戏，幼儿通过系、粘、扣为小熊搭配不同的衣服，此游戏加强了其精细动作的发展。又如游戏"彩色的小火车"：幼儿在摆、拼小火车的过程中，增强对图形、颜色、大小、形状排序规律的认知，并在游戏中增强幼儿口语表达能力及社会交往能力。

玩法二：故事拼讲沙包

　　此玩具可以单人玩也可多人玩。如故事"快乐的一天"，先由幼儿通过拼、摆、插，将沙包的 6 个面任意组合成故事情境，然后与同伴进行讲述。此游戏可发展幼儿观察的细致性、思维的逻辑性，同时对幼儿口语表达能力、想象力、创编能力有很好的促进，萌发幼儿与同伴交流、交往的愿望。

玩法三：可拆卸玩具盒

　　两个小朋友同时操作进行竞赛，看谁先把正方体拆卸，然后通过系、扣、粘贴的方法，再次组合起来。这个游戏不仅加深了幼儿对正方体的认知，而且增强了幼儿逆向思维能力，同时对幼儿做事耐心、细心、认真的个性品质培养也大有益处。

61 彩箱拼拼乐

- **玩具名称**：彩箱拼拼乐。
- **适合班级**：小班。
- **适合区域**：语言区、益智区。
- **使用材料**：各色不织布、纸箱、纽扣、子母扣、棉花、彩色图片、热熔胶等。
- **制作方法**：将不织布剪裁成与纸箱平面相同尺寸，用热熔胶固定。用不织布剪成花边装饰纸箱侧边，作为底板备用；剪裁好汽车图样后，塞满棉花进行缝制，加子母扣方便拼贴；用不织布剪裁好人物五官、小动物等图样，钉上子母扣或扣子方便操作。

青岛市山东路幼儿园　杨　波

2.拓展应用

玩法一：扣子小动物

幼儿选择自己喜欢的动物图形系在扣子上，发展幼儿小手肌肉和手眼协调能力。在幼儿掌握系扣子方法后可以提高难度，选择指定颜色、指定大小的动物图形系扣子，或以大小顺序进行排序练习，巩固幼儿一一对应、大小排序、按颜色排序等目标的掌握。

玩法二：拼五官

幼儿根据自己的想法为小宝宝选择发型、眼睛、耳朵、鼻子、嘴巴进行粘贴，通过动手操作，了解人的五官位置及男女在发型上的不同。幼儿也可以根据自己的心情为小宝宝选择开心、难过、生气的表情，以达到疏解幼儿情绪的目的，便于教师了解幼儿情绪并进行指导。

玩法三：影子拼贴

幼儿根据底板上的影子形状辨别是什么小动物，通过找找、比比、拼拼的方式，将小动物及其爱吃的食物拼贴完整。在游戏的过程中，了解小动物的外形特征及饮食习惯，通过观察比较和操作拼摆，锻炼幼儿的逻辑思维能力和感知能力。

62 百变真人棋

1. 玩具开发

·**玩具名称**：百变真人棋。

·**适合班级**：中班、大班。

·**适合区域**：益智区。

·**使用材料**：废旧的纸盒、塑料玩具、彩绘图片、不织布、彩色地垫。

·**制作方法**：先将废旧的泡沫垫裁剪成正方形和三角形，拼接成飞行棋、交通棋、水果棋的棋盘；将废旧的奶箱用即时贴装饰制作成小汽车，绘制彩色的交通标志的图片，并将图片贴到大型棋盘上；用不织布缝制成各种水果，在里面塞满太空棉，做成水果棋的棋子。

青岛市山东路幼儿园　向　萍

2. 拓展应用

玩法一：快乐飞行棋

在场地上摆好"飞行棋"的棋盘，幼儿合作游戏。一名幼儿负责掷骰子，另外2~4名幼儿扮演"飞机"站在起点。当幼儿掷下骰子并读出数字时，扮演飞机的幼儿向前跳相应的格数，最先到达棋盘中央终点位置的一方为胜利者。扮演飞机的幼儿可与掷骰子的幼儿交换角色，继续游戏。此游戏可帮助幼儿掌握飞行棋的基本玩法，体验玩户外大型棋类和小组合作游戏的快乐。

玩法二：文明交通棋

幼儿扮演棋子，可通过掷骰子或猜拳的形式决定走的步数。当遇到交通标志时，说对交通标志的幼儿前行一步、说错的后退一步，第一个到达终点的为获胜者。棋里的交通标志可更换。此"交通棋"引导幼儿在玩棋的过程中掌握简单的交通规则，认识交通标志，体验同伴合作游戏的快乐。

玩法三：丰收水果棋

结合秋天的主题活动设计此棋。幼儿扮演棋子，棋面上放数量、名称不同的"水果"。幼儿说对水果的名称或数量的进一步，说错退一步，幼儿也可以自己创编规则来游戏。幼儿在材料摆放、实践操作、相互讨论及游戏合作中，进一步加深对秋天水果的认识，体验下棋活动带来的快乐。

63 海底探秘

1. 玩具开发

- **玩具名称**：海底探秘。
- **适合班级**：小班。
- **适合区域**：科学区、生活区。
- **使用材料**：各色不织布、KT板、PP棉、拉链、纽扣、鞋带、子母扣、热熔胶等。

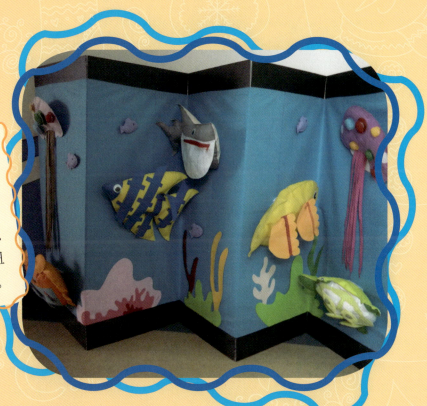

- **制作方法**：先在KT板上粘贴蓝色不织布，剪出珊瑚和海草等平面造型，用热熔胶粘贴在底部，做成海底的背景；再用不织布、PP棉和拉链等辅助材料，做成小鱼、水母、乌龟、螃蟹等立体海底生物，粘贴在海底背景上。

山东省商务厅幼儿园　王　卫

2.拓展应用

玩法一：小螃蟹吃饼干

调皮的小·螃蟹身上藏着几种不同形状的"饼干"，幼儿不仅可以给小·螃蟹贴上它的大钳子，还可以将图形饼干通过比较对照，贴到螃蟹身上，送给小·螃蟹吃。在操作的过程中，使幼儿认识正方形、长方形、圆形、三角形，熟练掌握图形的特征。

玩法二：大鲨鱼吃小鱼

鲨鱼的嘴巴里面有一些数字，幼儿可以选择不同的数字，通过点数找到相对应数量的紫色小鱼，"吃"进鲨鱼的嘴巴里，在玩的过程中掌握正确点数的本领。

玩法三：给水母画斑点

漂亮的水母身体上有许多五颜六色、大小不一的斑点，幼儿需要寻找颜色对应、大小对应的斑点，把它贴在相应的位置上，感受相应的匹配关系。另外，幼儿可以用长长的鞋带做成的腿，编织成不同的形象，练习系鞋带、编辫子的技能。

玩法四：海底盛会

大海里有各种各样的海洋生物，现在它们要举行盛大的舞会了。幼儿可以取下任意一只自己喜欢的海洋生物，让它们和自己的小伙伴尽情地唱歌、跳舞、玩游戏，还可以互相讲故事。这个游戏不仅能发展幼儿的语言表达能力，更培养了幼儿的社会交往能力。

64 夹夹乐

1.玩具开发

- **玩具名称**：夹夹乐。
- **适合班级**：小班。
- **适合区域**：益智区。
- **使用材料**：不织布、奶粉桶、夹子、脸盆、水泥、筷子、热熔胶等。
- **制作方法**：

（1）夹夹乐——小刺猬：将不织布剪出双层刺猬外形造型，里面夹塑料板用热熔胶固定，再粘贴好刺猬的眼睛、鼻子等，完整的刺猬固定在奶粉桶一侧。最后剪出果子造型，在果子造型后粘贴紧夹子。

（2）夹夹乐——花儿开了：将奶粉桶内灌注水泥，趁水泥未干时插入五支筷子作为花茎。用不织布剪出花朵、花茎、叶子等造型并缝为一体，把花茎套在筷子上完成作品。

青岛市山东路幼儿园　王　芳

2.拓展应用

玩法一:小刺猬背果子

　　幼儿通过按捏夹子将果子夹在小刺猬的背上,点数果子的数量,感受果子的大小区别,了解果子的名称、颜色、形状等基本特征。在操作过程中,发展观察力、点数的能力和幼儿的小肌肉控制能力。

玩法二:开花结果

　　幼儿找到与花朵颜色匹配的夹子,手眼协调地将夹子夹在花朵上做花瓣。花朵的果子上有数量卡,幼儿需正确判断数量卡上的数量,将相应数量的果子夹在花朵上。教师引导幼儿在游戏中锻炼小手肌肉的控制能力,发展精细动作,帮助幼儿不受数量卡上物体形象的影响,进一步明确数与量的概念,同时感受色彩搭配的美。

65 瓶盖拧拧乐

1.玩具开发

- **玩具名称:** 瓶盖拧拧乐。
- **适合班级:** 小班。
- **适合区域:** 益智区、语言区。
- **使用材料:** 不织布、废旧的纸箱、带不同大小盖子的废旧塑料瓶、针线、热熔胶、子母扣等。
- **制作方法:** 运用色彩鲜艳的不织布做出海底世界、热闹的马路、海洋鱼类、贝壳类、汽车、红绿灯等主题需要的造型。把废旧的瓶子从盒子的里面伸出来,露出瓶口,巧妙地融入场景的布置当中,最后用热熔胶、针线、子母扣固定在废旧纸箱的表面。

青岛市山东路幼儿园 王 静

2.拓展应用

玩法一：瓶盖找家

　　幼儿仔细观察玩具中瓶盖大小、形态的不同，尝试运用拧、转、盖等多种操作形式，把它们放置到相应的位置，也可与操作盘配合使用进行分类计数。通过配对、分类游戏，进一步认识颜色、数量，发展幼儿的观察分辨能力和动手操作能力。

玩法二：编讲故事

　　幼儿选择玩具中自己喜欢的主题，运用比较完整、连贯的语言，创编小故事进行讲述。可以自己讲，也可以和好朋友一起分角色讲述。通过游戏，丰富幼儿的词汇量、联想创造力，提高幼儿的语言表达能力以及与同伴交往的能力。

66 好饿好饿的毛毛虫

1.玩具开发

- **玩具名称**：好饿好饿的毛毛虫。
- **适合班级**：小班。
- **适合区域**：生活区、益智区。

HELLO！

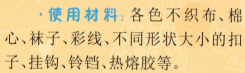

- **使用材料**：各色不织布、棉心、袜子、彩线、不同形状大小的扣子、挂钩、铃铛、热熔胶等。

- **制作方法**：先用不织布剪出红心点21枚、不同品种叶子6枚、数字和点数子母贴各6枚、不同颜色形状若干只作备用；将袜子截取成段，填塞棉花封口制成毛毛虫身体，根据需要缝制连接扣，彩线和扣子缝制毛毛虫面部表情；将毛毛虫与红心、叶子、数字等进行组合，完成制作。

青岛幼儿师范附属幼儿园　安可心

2.拓展应用

玩法：好饿好饿的毛毛虫

　　幼儿仔细观察毛毛虫的身体,用子母扣、挂钩、系绳子等方式将毛毛虫的身体连接起来。每条毛毛虫身体上都有配套的游戏材料,如水果、树叶、砖块等。幼儿通过点点对应、颜色匹配、形状匹配等方式找到相应的材料,并用系扣子、系绳子、摁扣等方式与毛毛虫连接。在游戏中练习点数、对应、拼摆,提高小手肌肉的灵活性及手眼协调能力。

67 趣味魔毯

1.玩具开发

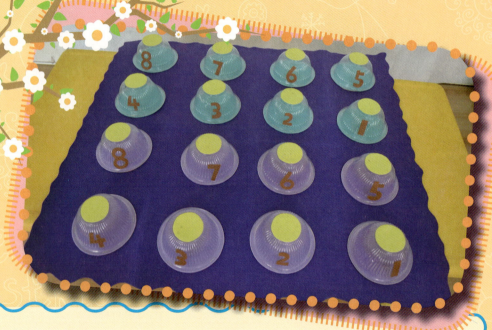

·**玩具名称**：趣味魔毯。

·**适合班级**：大班、中班、小班。

·**适合区域**：益智区。

·**使用材料**：不织布、塑料碗、子母扣、木质盒子、热熔胶等。

·**制作方法**：在方形不织布上，用子母扣连接8种不同颜色的圆形不织布各2个；塑料碗口粘贴蓝色、浅紫色的不织布，并在塑料碗的侧面粘贴1～8号数字；将小动物、人物等阴影图片粘贴到木质盒子中，同时将小动物、人物的彩色图片粘贴到塑料碗面上。

青岛市山东路幼儿园　葛　雯

2.拓展应用

玩法一：颜色对对碰

幼儿将小碗摆放在魔毯上盖住不同颜色的色块，并记忆毯上各色块的位置。游戏开始，幼儿翻开一个小碗，根据碗下色块颜色，凭记忆寻找相同色块进行配对。游戏中，不仅发展了幼儿的观察能力，增强了幼儿对色彩的感知体验，还发展了幼儿的记忆力和专注力。

玩法二：花样垒高

幼儿观察小碗侧面的数字，根据数字的大小，按照从小到大或从大到小的顺序进行垒高，提醒幼儿垒高时将每一层都摆放平稳。游戏中既巩固了幼儿数字排序的能力，又进一步发展幼儿的垒高技能，提高他们手眼协调能力。

玩法三：神奇的影子

幼儿两人合作游戏，一边记忆盒子中不同影子的位置，一边摆放色碗。幼儿翻看碗面的小动物图片，凭记忆找到盒子中相对应的影子。比赛看谁能够先帮所有小动物找到自己的影子。在游戏过程中，幼儿的观察能力和快速反应能力获得提高，同时能够体验到合作游戏的快乐。

68 多彩的梦

1. 玩具开发

- **玩具名称**：多彩的梦。
- **适合班级**：中班、小班。
- **适合区域**：益智区。
- **使用材料**：不织布、KT板、子母扣、摁扣、纽扣、海绵纸、拉链、胶水、剪刀、双面胶、热熔胶等。

- **制作方法**：背景图用不织布、海绵纸剪裁出房子、大树、太阳等形象，用热熔胶固定在KT板上。可操作的部分如苹果、蝴蝶、娃娃等用不织布缝制，每一个小部件根据设计缝上摁扣、纽扣、子母扣或拉链，在房子、大树等相应部位固定摁扣、纽扣、缝制扣眼，制作成立体可操作的部件。

青岛市市南区成武路幼儿园　胡　楠

2.拓展应用

 玩法一：数学游戏

此玩具可以单人玩也可多人玩。每个苹果上不规则地排列着小蝴蝶，先观察点数确定蝴蝶的数量，再根据蝴蝶数量和苹果树上的数字进行配对，用摁扣按在苹果树上。还可将小房子窗户上的数字卡片进行不同规律的排序。通过游戏加强幼儿小肌肉群精细动作的发展，巩固对10以内数的点数、一一对应、排序的认知。

 玩法二：可爱的小宝宝

此玩具可以单人玩也可多人玩。将各个不织布片通过摁扣、粘贴子母扣、系扣子的方法装饰小娃娃，用拉拉链的方法帮小娃娃穿衣服。通过游戏锻炼幼儿的生活技能，加强精细动作的练习和小肌肉群灵活度的发展。

69 滚珠游戏

1.玩具开发

·**玩具名称**：滚珠游戏。

·**适合班级**：中班。

·**适合区域**：益智区。

·**使用材料**：玻璃滚珠、方形和圆形盒子、卫生纸芯、彩色卡纸、瓦楞纸、即时贴、白胶、双面胶、剪刀、水彩笔等。

·**制作方法**：将方形盒子外部用即时贴进行装饰，在盒子内部分别用瓦楞纸、彩色卡纸、即时贴、水彩笔作出动物的脸、鼻子、眼睛、嘴巴等。将卫生纸芯用即时贴包裹后，在底部一端剪出一个大于玻璃珠的方形缺口，垂直于盒底粘贴在动物的眼睛上。花朵滚珠游戏需在上述基础上，用卡纸作出花朵底盘，并将卫生纸芯按缺口方向摆成迷宫样式，固定在纸盒底部，成为立体花心，滚珠迷宫就做好了。

青岛市南京路第二幼儿园　冯小帆

2. 拓展应用

玩法一：小动物滚珠游戏

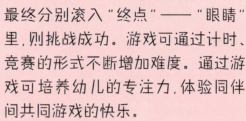

幼儿将两个玻璃滚珠放到小动物的嘴巴里，通过倾斜和转动使盒内滚珠滚动，让两个滚珠最终分别滚入"终点"——"眼睛"里，则挑战成功。游戏可通过计时、竞赛的形式不断增加难度。通过游戏可培养幼儿的专注力，体验同伴间共同游戏的快乐。

玩法二：花朵滚珠迷宫

幼儿将玻璃滚珠放至起点——花朵迷宫圆盒的边缘处，通过倾斜和转动使滚珠滚动，在花朵迷宫中寻找滚珠滚动的最佳路线，并让滚珠沿该路线最终滚入"终点"——花朵的花蕊中。游戏可通过计时或同伴间竞赛的形式不断增加游戏难度。幼儿通过游戏锻炼耐心专注的品质及手眼协调能力。

70 和小鱼做游戏

1.玩具开发

· **玩具名称**：和小鱼做游戏。

· **适合班级**：小班。

· **适合区域**：益智区、生活区。

· **使用材料**：纸盒子、各色不织布、钥匙环、纽扣、子母扣、摁扣、KT板、卡纸、彩绳、一次性筷子、剪刀、热熔胶、针线等。

· **制作方法**：将废旧的盒子用彩纸装饰成鱼塘、海底世界。用不织布剪出不同形态、不同色彩小鱼外形，双面合并用针线缝合做成立体小鱼。有的鱼身体上面缝制子母扣或摁扣、纽扣、彩绳等，有的小鱼身上插入钥匙环。用一次性筷子做鱼竿，分别用磁铁、挂钩做鱼钩。

青岛市市南区晨光幼儿园　韩　梅

2.拓展应用

玩法一：钓鱼比赛

　　幼儿用鱼竿进行钓鱼游戏。不同的鱼竿、不同的玩法有不同的难度，可根据幼儿水平选用磁铁鱼竿、挂钩鱼竿或更换渔线的长短、更换鱼钩的大小·开展游戏。还可以按照颜色、数量、图形等不同的要求，把钓到的小·鱼送到不同的鱼筐。幼儿通过活动体验与同伴一起游戏的快乐，促进手眼协调、观察力、注意力的提高。

玩法二：给小鱼穿衣服

　　幼儿自由选择不同大小、形状、颜色的纽扣、不织布、丝带等装饰物，用挂钩、摁扣、系扣子、粘贴子母扣、系丝带、拉拉链等方式，给小·鱼穿上漂亮的五彩衣。可以和同伴互相交流、展示自己给小·鱼设计的漂亮衣服，促进幼儿对颜色形状的认知、提高手眼协调能力和小·肌肉精细动作的发展。

玩法三：五彩小鱼找影子

　　幼儿按照小·鱼和海底植物的不同外形特征，开展"影子"配对游戏。用挂钩、摁扣、粘贴子母扣、系丝带等连接方式，将小·鱼和海底植物挂在相对应的影子上。还可多名幼儿一同游戏，看看谁找得又准、又快、又多。幼儿通过游戏理解掌握一一对应的概念，提高观察力，体验动手操作的乐趣。

71 编织美丽的海底世界

1. 玩具开发

·**玩具名称**：编织美丽的海底世界。

·**适合班级**：大班。

·**适合区域**：益智区。

·**使用材料**：粗细不同、材质不同、颜色不同的各种线绳；多种颜色不织布、各种颜色的卡纸、大小不同的彩色扣子、子母扣、白色硬纸壳；剪刀、针、线、热熔胶等。

·**制作方法**：用不织布做成长 50 cm、宽 50 cm 大小的书；用不织布做成双面动物形象，缝上边儿后在动物形象中间打眼儿，用子母扣将动物形象粘贴在不织布书上。

青岛市湖南路幼儿园　许　玲

2.拓展应用

 玩法一：穿穿绕绕穿彩衣

幼儿运用不同粗细、不同材质的彩绳对海底小动物进行穿线。先从简单的点对点穿孔、点靠点穿孔的方法来玩，然后可以进行交叉穿的练习；还可选择粗细不同的彩绳在"泡泡"上进行自创规律的缠绕练习，在穿线和缠绕的过程中锻炼幼儿小手肌肉灵活性，发展想象力和创造力。

玩法二：创意组合造型多

幼儿自己动手剪出各种形状和各种颜色的贝壳和岩石，随着自己的意愿和想象，自由组装彩色贝壳和岩石，将这些形象通过扣扣子的方式固定在底板上。幼儿在与同伴合作造型完成作品的过程中，发展大胆想象，动手制作的能力。

72 迷宫大作战

1.玩具开发

·**玩具名称**：迷宫大作战。

·**适合班级**：中班。

·**适合区域**：益智区。

·**使用材料**：KT板、硬纸板、太空泥、小吸铁石、矿泉水瓶、即时贴、双面胶、美工刀、热熔胶等。

·**制作方法**：将硬纸板剪成2 cm宽的硬长条，用即时贴包好。将迷宫的路线画在用即时贴、及时贴包装好的KT板上，再将硬长条用热熔胶按照迷宫路线粘贴好，做成立体迷宫。然后硬纸板做喜羊羊、懒羊羊和灰太狼。大小以能通过迷宫里的路为准。在羊和狼的下端用热熔胶固定磁铁。最后用热熔胶将4个同样大小的矿泉水瓶固定黏合在迷宫的四个角上，作为四条腿将迷宫撑起，在迷宫上面放上羊和狼，在KT板的下面也吸上磁铁，分别吸住KT板上面的狼和羊。

青岛市市南区爱心幼儿园　孙蓓蕾

2.拓展应用

玩法一：小羊快跑

两个幼儿合作，一人扮演一个角色，分别把带有磁铁的喜羊羊和灰太狼放在迷宫里，利用磁铁的吸力在迷宫下面控制它们在迷宫里行走，开展"灰太狼抓小羊"的游戏，喜羊羊如果被灰太狼追上并抓住，游戏结束。此游戏不仅让幼儿感受了磁铁同性相吸的特性，还锻炼了幼儿的观察力、判断力和手眼协调能力，感受与同伴合作游戏的快乐。

玩法二：表演讲述——躲开灰太狼

把固定有喜羊羊和灰太狼的磁铁放在桌面上，当幼儿移动灰太狼磁铁慢慢靠近喜羊羊时，会发现喜羊羊磁铁产生排斥反应，不断躲开灰太狼。幼儿可以利用教师提供的场景道具，自己创设情境，边操作灰太狼与喜羊羊，边创编讲述故事。在操作讲述的过程中，感受磁铁同性相吸的原理，体验操作创编讲述的快乐，提高语言表达能力。

73 纸盒拼摆

1. 玩具开发

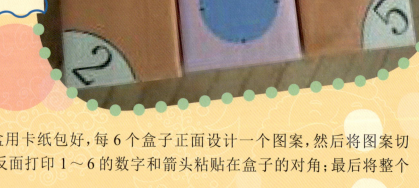

- **玩具名称**：纸盒拼摆。
- **适合班级**：小班、中班、大班。
- **适合区域**：益智区。
- **使用材料**：奶盒、卡纸、彩纸、胶带等。

· **制作方法**：将奶盒用卡纸包好，每6个盒子正面设计一个图案，然后将图案切割粘贴在盒子上；盒子反面打印1～6的数字和箭头粘贴在盒子的对角；最后将整个盒子用透明胶全包。

青岛市人民政府机关幼儿园　赵　欣

2. 拓展应用

玩法一：拼圆角

幼儿自由选择一个纸盒，找到它带有扇形箭头标记的一角，帮助这个角找到另外 3 个有扇形箭头标记的好朋友，4 个好朋友组合在一起就是一个圆形。在寻找和拼摆的过程中提高幼儿对事物的观察能力和手眼协调的能力。

玩法二：拼数字

幼儿确定一个数字，将 4 个带有数字的扇形进行组合，总数要与确定的数组相符。如确定数字"8"，幼儿就需要将圆形里的数字相组合，使这四个数合起来是"8"。在"拼数字"的游戏中，幼儿既可以感知圆形是由 4 个扇形组成的，还可以知道"8"有多种不同的组成方法，培养了幼儿的逻辑思维能力。

74 照顾小动物

1.玩具开发

· **玩具名称**：照顾小动物。

· **适合班级**：小班。

· **适合区域**：生活区、益智区。

· **使用材料**：空奶粉桶4个、各种颜色的不织布若干、子母扣、彩色丝带、扣子、彩色卡纸、空矿泉水瓶等。

· **制作方法**：用不织布裁剪、缝合并装饰出大小合适的小动物身体，在奶粉桶上围合；用不织布制作出小动物的头部，并将小动物的嘴巴剪成不同的几何图形，用玻璃胶将小动物头部在奶粉盖上黏牢，扣在奶粉桶上；用不织布制作小动物喜欢吃的食物，如桃子、小鱼、骨头、小飞虫，放在用矿泉水瓶底部做的杯子里。

青岛市市南区实验幼儿园　徐　莉

2. 拓展应用

玩法一：喂喂小动物

幼儿使用小夹子夹住食物卡片，根据小动物的生活习性，给其喂食物。在给小动物喂食的过程中，说一说自己给小狗喂了几根骨头、给小猫喂了几条小鱼等。通过游戏，幼儿了解小动物的生活习性，小手肌肉灵活性和协调性获得提高，体验照顾小动物的快乐。

玩法二：小动物吃饼干

游戏中，幼儿拿起不同形状的"饼干"，放到相应形状的小动物口中，并说一说：我喂小动物吃了几块饼干，是什么形状的；也可采用比赛的形式，比一比在相同的时间内，谁先喂完饼干。幼儿在游戏过程中，能正确地说出图形的形状，初步了解圆形、长方形、正方形、三角形的特点，并学会按形状进行分类。

玩法三：打扮小动物

幼儿选择自己喜欢的小动物，给它们扣扣子、系蝴蝶结，并给小动物身上粘贴小花、领结、斑点花纹等装饰品。在游戏过程中，幼儿的小手肌肉灵活性获得提高；通过打扮小动物，激发幼儿爱护并喜欢照顾小动物的情感，体验与同伴共同游戏的乐趣。

75 加减法魔盘

1. 玩具开发

- **玩具名称**：加减法魔盘。
- **适合班级**：大班。
- **适合区域**：益智区、数学区。
- **使用材料**：塑钢板（硬纸壳、塑料板皆可）、各色卡纸、螺丝帽、水彩笔等。
- **制作方法**：将塑钢板制成两块大小相同的圆形，正面抠出"算式口"和"得数口"。用卡纸剪出同样的圆形做成"魔盘"中间的加减法纸盘，在卡纸上写有多道加减数学题，算式和得数的位置与镂空位置相吻合。用两面塑钢板把加（减）法纸盘夹到中间，然后用螺丝帽固定。做好后可用漂亮的粘贴装饰。

青岛市公安局幼儿园　邱　晶

2.拓展应用

玩法一：挑战自我

　　适用于一名幼儿开展游戏。幼儿一手捂住得数，一手旋转圆盘。出现算式后，幼儿说出得数，然后查看得数口出现的得数，自己检验对错。通过操作加（减）法魔盘，幼儿可轻松练习巩固10以内的加、减法，从而培养幼儿的自我发现、纠正错误能力，同时激发幼儿对数学活动的兴趣。

玩法二：快乐大比拼

　　适宜于两名幼儿共同开展游戏，其中一名幼儿一手捂住得数，一手旋转圆盘。出现算式后两名幼儿快速说出得数，然后一起查看得数口检验对错。每次验证完后，对的幼儿在记录本上贴一枚小星星，比比看谁说得快又准，得到的星星最多。通过游戏，巩固10以内的加、减法，锻炼幼儿思维的敏捷性，增强对数学的兴趣。

76 开心影城

1.玩具开发

- **玩具名称**：开心影城。
- **适合班级**：大班。
- **适合区域**：益智区。

· **使用材料**：纸盒、吸管、纸杯、小动物卡、1～10数字卡、数字组成题卡、扑克牌等。

· **制作方法**：选取一个长方形的纸盒，用即时贴进行包裹，再用打孔器在盒面上打孔制作成电影城的座位席；将KT板裁剪成长方形，用彩色布及卡通图片进行装饰，粘贴在纸盒的后侧，制作成电影城的屏幕；用扑克牌制作电影票和动物数字题卡，用彩纸、吸管制作彩旗排序卡、座位卡片，分别装入纸杯里，供幼儿操作游戏使用。

青岛市市南区实验幼儿园　谭　萍

2.拓展应用

玩法一：小动物找座位

　　"开心影城"的座位上分别贴有1~10的数字,幼儿取一个小动物卡,对照小动物身上的数字组成题,将得出的答案与座位号相对应,帮助小动物找到自己的座位。如:小动物身上的题卡是"2添上2",则将该小动物插到4号座位上。在游戏操作中,幼儿练习、巩固10以内数的组成,并运用经验迁移法进行自主、探索学习。

玩法二：小动物看电影

　　幼儿从"开心影城"屏幕右下方的小盒里自主选择一张电影票,按照排号帮助小动物找到相应的座位,并将小动物插到座位上。幼儿可以合作游戏,一人取电影票,一人操作小动物卡片。游戏中,幼儿进一步练习、巩固10以内的序数、单双数,通过操作解决生活中的数学问题,体验合作、成功的快乐。

玩法三：插小彩旗

　　幼儿从影城屏幕左下方的小盒里自主选择一张彩旗排序题卡,根据题卡上的彩旗排序提示,将小彩旗按颜色规律进行排序,并插到电影院的四周。还可增加游戏难度,自主设计彩旗排序规律,进行操作讲述。游戏中,幼儿能够自主操作、大胆探索,发展幼儿的创造性思维、语言表达能力。

 77 我和小动物交朋友

1.玩具开发

·**玩具名称**：我和小动物交朋友。

·**适合班级**：小班。

·**适合区域**：益智区。

·**使用材料**：废旧的纸箱、卡纸、各色即时贴、饮料瓶、小球、卫生棉棒、彩笔、KT板、鞋带、纽扣、拉链、透明胶、双面胶、剪刀、过塑膜等。

·**制作方法**：将3个大的废旧纸箱的一面分别贴上小狗、小猫、小青蛙3个小动物的形象，小动物的嘴巴处按不同图形进行镂空。将衣服、裤子、鞋子图案对折剪开并塑封在纸箱的其他三面，将纽扣、拉链等固定在衣物上。将每个纸箱的两侧分别用卡纸剪10条细长条，两个一组粘贴在纸箱上作为插小旗和数字卡的固定条。

骰子：用卡纸制作成正方体当做骰子，每一个面贴上不同的动物形象。动物食物：打印并塑封与小动物嘴巴相对应的图形板若干，小动物喜欢吃的食物若干。数学操作材料：各色数字卡若干，各色小旗若干，并将卫生棉棒粘贴在小旗上当旗杆。

济南军区第四〇一医院幼儿园　孙小童

2.拓展应用

 玩法一：我给小动物来喂食

幼儿围坐在一起，将小狗、小青蛙、小猫3个小动物及它们的食物卡放在旁边，幼儿轮流掷骰子，哪一个小动物朝上，就请幼儿找出相对应的食物卡喂到小动物的嘴里。在游戏中让幼儿更多地了解各种动物生活习性，发展幼儿沟通交流的能力。

 玩法二：给小动物穿衣物

幼儿为小动物系鞋带、系扣子或拉拉链。通过游戏的方式，使幼儿学习系鞋带、系扣子、拉拉链的方法，促进幼儿小肌肉动作的发展，培养幼儿自己的事情自己做的意识，提高自我服务能力。

 玩法三：数学游戏

幼儿任意选择数字、小旗、图形，开展1～5数字的数物对应、图形对对碰的游戏。通过游戏使幼儿认识1～5的数字，学习点数、了解1～5的数量关系，进一步认识圆形、正方形、三角形，培养幼儿动手动脑、专心独立完成任务的能力。

78 指环对对碰

1.玩具开发

- **玩具名称**:指环对对碰。
- **适合班级**:小班。
- **适合区域**:益智区。
- **使用材料**:彩色纸若干、图形图片若干、泡沫纸、过塑膜、易拉罐等。

- **制作方法**:在彩纸上画出手掌的形状,沿边剪下,"手掌"的后面用易拉罐进行固定,便于"手掌"站立于桌面;海绵纸剪成合适大小的指环,并将两端粘贴,将各种小图形剪下贴在海绵纸交接口处。

青岛市市南区实验幼儿园 任 钊

2.拓展应用

玩法一:图形对对碰

　　请幼儿将带有图形的戒指套到相对应图形的手指上,图形配对成功则完成任务。如:圆形戒指套在手掌有圆形图案的手指上。在游戏中,幼儿进一步了解圆形、正方形、长方形、三角形的特征,乐意参与图形配对的游戏活动。

玩法二:颜色对对碰

　　在游戏中,幼儿根据大手的颜色找到相同颜色的戒指,并将戒指套在手指上;同时说一说:"粉色戒指找粉色手掌,绿色戒指找绿色手掌",颜色配对一致为完成任务。通过游戏,幼儿巩固对各种颜色的认识,能快速、准确地根据颜色进行套圈配对;喜欢参与指环对对碰的游戏。

玩法三:戒指对对碰

　　幼儿在游戏中通过竞赛的形式,找出相同图形的戒指套在自己的手上,边找边说找到了什么图形,快速找对者获胜;也可以比赛看谁先把一只手套满。通过游戏,幼儿巩固了对各种图形的认识,快速反应能力和口语表达能力获得提高。

79 铺墙面砖

· **玩具名称**：铺墙面砖。

· **适合班级**：大班。

· **适合区域**：计算区、益智区。

· **使用材料**：KT板、彩色卡纸、即时贴、过塑膜、小盒、双面胶、透明胶带、剪刀、美工刀、尺子、记号笔、过塑机等。

· **制作方法**：

墙面：1号KT板用即时贴装饰成墙面，用美工刀切割出不同形状的墙砖，在边缘处用即时贴进行装饰；2号KT板要大于1号KT板，将两块KT板组合，对镂空部位贴上数字进行编号。

操作材料：墙砖——用过塑模做成小于"墙砖"的透明夹层，用透明胶带固定在镂空取下的"墙砖"上。数学题——按透明夹层的大小，打印并裁剪出10以内的加减法算式题并过塑，用合适的材料盒装好。

青岛市南京路第二幼儿园　冯小帆

2. 拓展应用

玩法一：拼图墙砖

幼儿观察墙面空缺墙砖部分的大小和形状，再从墙砖材料盒中选择合适大小、形状的墙砖，采用不同形状的墙砖进行组合、拼摆，逐步将空缺的墙面填补完整。当把所有空缺的墙砖位置都铺满时，游戏挑战成功。通过拼图式的拼墙砖方法，发展幼儿空间几何组合拼摆的能力。

玩法二：加减法找面砖

幼儿观察墙面空缺墙砖的形状及相应数字，从墙砖材料盒中找出与空缺部分形状相对应的砖块，选择运算得数正确的算式放入墙砖的透明夹层内，要做到形状、得数都与空缺部分的信息相同，把墙面铺满则挑战成功。通过尝试探索游戏的不同玩法，发展幼儿观察的敏锐度、思维的灵活度，感受数学活动带来的乐趣。

让玩具启迪幼儿的心智

80 箱子挑战赛

1. 玩具开发

- **玩具名称**：箱子挑战赛。
- **适合班级**：大班。
- **适合区域**：益智区。
- **使用材料**：大纸盒箱、卡纸、软塑纸、彩色打印纸、KT板、即时贴、过塑膜、动物图片、泡棉、剪刀、刀子、双面胶、透明胶等。
- **制作方法**：用大纸箱子做底板，在四个面上设计作出碧海蓝天、我把小狗送回家、俄罗斯方块的三种游戏操作背景，最后将大纸箱的一侧割开，装入游戏中的各种操作材料。

青岛市卫生局幼儿园　胥殷萍

2.拓展应用

玩法一：碧海蓝天

　　幼儿在观察飞机、轮船、小鱼等形象的轮廓特征的基础上，尝试将不同的五彩泡棉图形通过大胆地组合、旋转、拼接，将空白处的所有图形补充完整，形成一幅完整的优美风景图。幼儿在操作中感知一些基本图形的特征及这些图形在空间所处的位置，发展空间方位感及对图形的分割与组合能力，体验进行情境性拼图游戏的乐趣。

玩法二：我把小狗送回家

　　创设"小狗要回家"的生活情境，小狗想回到自己的家，可是回家的路途中有六处断裂之处，需要幼儿通过观察选择适宜的路径卡片将断裂之处完整地拼接起来，将小狗送回家。幼儿在这种生活情境中体验到解决数学问题及帮助小动物的乐趣，感受生活中数学的有用和有趣，发展思考与推理能力。

玩法三：俄罗斯方块

　　模拟"俄罗斯方块"的游戏情境，幼儿将提供的各种几何图形进行旋转组合、自由拼摆在格子底板上，并做到图形之间没有空隙，最终拼成一个完整的大棋盘。幼儿在调整—尝试—再调整—再尝试的过程中，反复的观察、实验、验证，体验到自我挑战的积极情绪和成功感，并感知物体之间的空间位置、分割与组合的关系。

81 叮咚乐坊

1. 玩具开发

· **玩具名称**：叮咚乐坊。

· **适合班级**：大班。

· **适合区域**：表演区、科学区。

· **使用材料**：木板、铃鼓、丝带、废旧酒桶、奶粉桶、玻璃饮料瓶、废旧相机架、废旧呼啦圈、胶带、废旧不锈钢盘子、剪纸图案、PVC管、各色颜料、锯、钉子、电钻、热熔胶、砂纸等。

· **制作方法**：

（1）民族风敲敲鼓的制作方法：用锯将木板切割成长短不同的6块木板，用砂纸将其打磨光滑，再用钉子钉出框架，背后用十字架的方式固定好呼啦圈，在呼啦圈的上下左右位置用丝带系上4个铃鼓，并在铃鼓上用颜料和剪纸进行装饰。

（2）架子鼓的制作方法：将木板切割为正方形固定在废旧的相机架上，并插上PVC管，用电钻钻眼固定上不锈钢盘子；在木头上抠出3个圆形的洞，放入废旧的奶粉桶；也可用木头切割出外型，用钉子固定好外架，鼓面用三合板抠出5个不同位置大小的圆形，将废旧的啤酒桶放入。

（3）瓶子敲敲乐的制作方法：用锯切割长短不同的木板钉出架子外形，一个丝带系上鼓槌，其他7个丝带挂上逐渐升高的废旧玻璃瓶，用颜料涂上7种不同的颜色。

青岛市金钥匙幼儿园　刘　芳　李振宇

2. 拓展应用

玩法一：快乐的小乐队

幼儿组成小乐队为大家表演，可以扮演演奏员、歌唱演员、舞蹈演员等为大家表演节目。表演中幼儿结合乐器的不同特点，根据音乐的旋律自由伴奏，培养幼儿的音乐节奏感、艺术表现的能力和合作能力。

玩法二：好听的声音

瓶子中装有不同的水，幼儿进行敲打，感受水盛放多少，敲击水瓶发出的声音高低大小不同的现象，培养幼儿的感受力，同时也培养幼儿对科学现象的兴趣。

82 敲敲打打玩音乐

1.玩具开发

·**玩具名称**：敲敲打打玩音乐。

·**适合班级**：大班。

·**适合区域**：音乐区。

·**使用材料**：花架一个、拖把杆2个、大小不同的铁盒若干、图谱架、双层不锈钢挂衣架、钥匙若干、酸奶瓶、木块、打击棒、卡纸、即时贴等。

·**制作方法**：

（1）打击乐器。将酸奶瓶、糖果盒、盒盖、钥匙串等分别用即时贴装饰、打孔并设计、固定排列在双层不锈钢挂衣架上。

（2）架子鼓。用两个合适尺寸的拖把杆和奶粉桶制作成为架子鼓和两个支架，将两个支架分别固定于两个圆桶中，制作成了吊镲。将大小不同的饼干盒分别装饰制作成小军鼓和桶子鼓的样子，放置于花架上。将饼干盒、奶粉桶等摞起来，用彩色泡沫纸包装成大鼓。

（3）绘制音乐图谱。

青岛市南京路第一幼儿园　荆　靖

2. 拓展应用

玩法一：我们来配乐

依次敲击架子鼓上的低音大鼓、小鼓、吊镲听辨音色、音高，感受不同的乐器发出的不同声音。根据听辨的音色，选择相应的器具演奏乐谱上的节奏乐，激发幼儿对打击乐器的兴趣。

玩法二：我们来演奏

为幼儿提供打击乐节奏图谱，幼儿进行合作演奏。根据图谱中的打击乐器，幼儿随音乐分别自选乐器架上的器具为乐谱进行配乐器演奏。在演奏的过程中，感受旋律的起伏、强弱力度、节奏的变化。同时，配合自制架子鼓为乐曲进行伴奏，可由易到难，增强幼儿对节奏的敏感度和身体的协调性。活动中将中西方乐器结合在一起，让幼儿更加感受到音乐的多元性。

83 多彩音乐屋

1.玩具开发

- **玩具名称**：多彩音乐屋。
- **适合班级**：小班、中班、大班。
- **适合区域**：音乐区、语言区。
- **使用材料**：多色不织布、挂钩、玻璃瓶、彩色丝带、易拉罐、宽松紧带、指偶、壁纸、PVC管、绳子、亮晶晶布、粗针线、剪刀、热熔胶枪等。
- **制作方法**：纸箱外部用多色无纺布、亮晶晶布等材料布置成海底世界、秋天、果园、池塘4个场景；纸箱内部用壁纸进行粘贴底色并用无纺布、指偶、PVC管、玻璃瓶、皮筋等布置成跳舞毯、小舞台、敲一敲、拨动的旋律四个游戏内容。

青岛市南京路第三幼儿园　孙　蕊

2. 拓展应用

玩法一：动感跳舞毯

　　幼儿任意选择图形粘贴在背景板上，根据图形排列顺序和音乐的节奏在跳舞毯上跳舞，在游戏中发展幼儿腿部的灵活性，提高幼儿动作协调的能力，同时发展幼儿音乐节奏感。

玩法二：小小音乐会

　　幼儿探索不同颜色玻璃瓶发出的声音，并能有节奏地进行敲击，感受不同瓶子的音色和音高；拨动皮筋发出声音，感受不同松紧、粗细的皮筋振动声音的不同；敲击纸杯、奶粉桶等材料，探索材料发出的不同音色。此游戏可提高幼儿的音乐听辨能力，发展幼儿节奏感，激发幼儿对打击乐活动的兴趣。

84 巧玩音乐鼓

1. 玩具开发

· **玩具名称**：巧玩音乐鼓。
· **适合班级**：中班、大班。
· **适合区域**：音乐区。
· **使用材料**：饼干盒、奶粉盒、呼啦圈、纸盘、不织布、泡沫板、彩带、即时贴、收纳盒、旧衣架等。

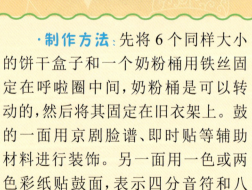

· **制作方法**：先将6个同样大小的饼干盒子和一个奶粉桶用铁丝固定在呼啦圈中间，奶粉桶是可以转动的，然后将其固定在旧衣架上。鼓的一面用京剧脸谱、即时贴等辅助材料进行装饰。另一面用一色或两色彩纸贴鼓面，表示四分音符和八分音符的节奏型。制作一个音乐跳舞毯，根据6张脸谱的颜色在跳舞毯上用6种彩色纸贴6个圆。

青岛市市南区机关幼儿园　孟　蕊

2. 拓展应用

玩法一：敲敲打打真快乐

幼儿可以自由创编节奏敲击演奏，也可以根据乐谱进行打击乐游戏，可由一名幼儿游戏，也可以几名幼儿合奏，培养幼儿的节奏感和合作意识。

玩法二：你敲鼓我跳舞

可两名幼儿一起玩。播放音乐，一名幼儿敲击鼓面进行演奏，其他幼儿根据敲鼓的颜色，跳到跳舞毯中相应的颜色上。在游戏过程中，提高幼儿对音乐节奏的感知，培养孩子的合作意识，共同完成音乐鼓、跳舞毯的游戏。

玩法三：掷飞镖游戏来作曲

幼儿分成红队和绿队两队，两队幼儿同时掷飞镖，在标盘上有 1～10 个数字代表音符的简谱。两队幼儿将飞镖吸中的数字记录下来，最终形成一段旋律，幼儿可请教师帮忙用钢琴弹出旋律来。此游戏不仅锻炼了肢体运动，还让幼儿初步感受到作曲的快乐。

85 **有趣的跳舞毯**

1.玩具开发

·**玩具名称**:有趣的跳舞毯。
·**适合班级**:大班。
·**适合区域**:音乐区。
·**使用材料**:废旧地毯、气哨、KT板、即时贴、过塑膜、热熔胶等。

·**制作方法**:将废旧地毯洗刷干净后按照上、下、左、右、中划分出4个同样大小的长方形和1个圆形,分别涂上不同的颜色;将过塑膜分别粘放在长方形的右上、左上、右下、左下方,内插放乐器标志,在每个长方形地毯中间的位置,安放小气哨。

青岛市市南区晨光幼儿园　王朝晖　王　晨

2. 拓展应用

 玩法：节奏对对碰

　　幼儿选取自己喜欢的音乐、图谱，在过塑膜的小格子内摆放需要的乐器标志。边听音乐、看图谱，边踩节奏，以踩到圆点发出响声为准。游戏中幼儿肢体的协调性、节奏感及音乐感受力得到不同程度的提高。

86 漂亮的服装

1. 玩具开发

· **玩具名称**：漂亮的服装。

· **适合班级**：大班。

· **适合区域**：表演区、美工区。

· **使用材料**：不织布、珠子、纽扣、亮片、各色线绳、铁丝、热熔胶、子母扣等。

· **制作方法**：

（1）服装的制作：将不织布裁剪成不同风格的上衣、裤子、裙子等形状，并用珠子、纽扣、亮片作为装饰物，用热熔胶或子母扣固定在这些服装的不同位置上。

（2）假发的制作：塑料绳剪成一样长短若干条，用铁丝做成与孩子头围大小相吻合的头圈，将裁剪好的绳子系在头圈上，然后整理成不同的发型。

青岛市湖南路幼儿园　史　珺

2.拓展应用

玩法一：快乐小巧手

幼儿用珠子、纽扣、亮片等材料创造性地装饰表演的服装，培养幼儿的创造性和审美能力；同时幼儿也可以将剪好的各色线绳编在提供的铁圈上，做成表演用的各种式样的假发，发展幼儿的想象力和动手操作能力。

玩法二：创意巧装扮

幼儿能根据不同故事内容和角色选择不同风格的服装，设计适宜的发型进行表演，使幼儿敢于在同伴面前大胆展示自己，并提高幼儿的语言表达能力以及艺术表现力。

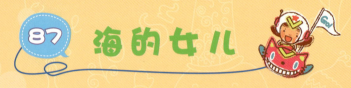

87 海的女儿

1.玩具开发

- **玩具名称**:海的女儿。
- **适合班级**:大班。
- **适合区域**:语言区、益智区、生活区。

·**使用材料**:各种颜色不织布、不同粗细的彩绳若干、各色丝带少许、形状材质大小不同的纽扣若干、子母扣、打孔器、松紧带、胶枪、发卡、针线、太空棉、旧蚊帐等。

·**制作方法**:

蓝色不织布做背景布,将粉色和玫红色的不织布剪成半圆形用胶枪粘贴在一起,做背景幕帘。用相应颜色的不织布裁剪出石头、水草、气泡、贝壳、海浪、云彩、太阳等形状,将子母扣用胶枪粘贴在不织布的反面。

不织布裁剪出人物服装需要的形状,如鱼尾形、扇贝形、长方形等,用细丝绳将两片鱼尾形缝合,尾巴内填充太空棉,缝上松紧带调整尺寸。大小不同的纽扣缝在鱼尾巴上,不织布剪出鱼鳞的形状,鱼鳞中间剪出扣眼。啦啦花用塑料绳固定在一起,做草裙。将裁好的长方形腰带底边打上小孔,选取横版、竖版各3条不织布两套,打上小孔用丝带或彩绳连接。将废旧的蚊帐裁出头纱的形状,用胶枪固定在发卡上,制作花环。

青岛市湖南路幼儿园 陈 娟

2.拓展应用

玩法一：巧手做服装

幼儿通过系纽扣、穿鞋带、系蝴蝶结等方法将服装进行装饰，运用组合、搭配等方法将不同颜色的不织布用丝带或者彩绳连接在一起，搭配出不同角色的演出服装。

将鱼鳞片扣在大小、形状不同，触感各异的纽扣上，从而增加对不同纽扣的认识以及触觉体验。在游戏过程中，不仅使幼儿手部的小肌肉群得到良好的锻炼和发展，同时也帮助幼儿形成良好的审美观，提高幼儿色彩搭配能力，体验动手制作的快乐。

玩法二：背景任意搭

幼儿可以根据故事情节的变化以及场景的不同，进行背景更换。通过讨论、自主选择等方法，将水草、气泡、海星、小花、小草、太阳、云彩等不同的景色、景物和装饰物进行场景创设。背景的多样性搭配，还可以巧妙地利用在其他表演故事当中，提高幼儿对故事场景与故事情节关系的分析能力以及对各种景、物的认知能力。

玩法三：大家一起来表演

幼儿根据自己喜欢的故事内容选择感兴趣的角色，也可以通过自荐和选拔等方式确定参与表演的角色，幼儿间互相帮助进行装扮，并根据故事情节的需要随时更换服装。幼儿还可以根据自己的想法，创造性地设计故事情节和角色进行表演，幼儿也可以将服装创造性地运用在其他故事里。在游戏过程中，为幼儿提供自由、宽松的表演环境，表演中不仅语言表达水平获得更好的发展，同时也提高了幼儿的自信心和表演的能力。

88 环保时装

1.玩具开发

- **玩具名称**：环保时装。
- **适合班级**：中班、大班。
- **适合区域**：表演区、角色区。
- **使用材料**：纸箱、塑料袋、废旧挂历、一次性桌布、编织袋、碎布头等。
- **制作方法**：搜集纸盒、挂历、包装袋等废旧材料，根据废旧材料的材质特点，用剪贴、拼接等方法制作出不同样式的环保服装。

青岛市人民政府机关幼儿园　曲　蓉

2.拓展应用

玩法一：情景故事表演

　　幼儿穿着自制的服装进行情景故事表演。表演内容既可以是幼儿学过的故事内容，也可以是幼儿自主创编的故事。在表演的过程中，幼儿加深了对已学故事的理解，增强了语言表达能力，也锻炼了舞台表演能力，同时人际交往能力也得到了一定发展。在创编的过程中幼儿发挥了想象力、创造力，将已有认知经验迁移到故事表演中并从中得到新的发展，使幼儿真正地乐在其中。

玩法二：时装表演秀

　　幼儿穿着自制服装，进行时装走秀表演。只要给幼儿提供一个舞台，不论是室内还是室外的舞台，音乐响起，一场"时装发布秀"便精彩呈现。幼儿可根据时装的风格摆出不同造型展示自己。在表演中幼儿的自我表现能力得到提升，自信心不断增强，逐步构建对自我的良好认知。

玩法三：多彩服装店

　　将自制的服装放在社会性区角"服装店"中，幼儿在这里模仿成人进行服装交易游戏。幼儿将日常生活中积累的逛服装超市的经验迁移到此游戏中，在同伴的相互交流中使得原有认知得到进一步提升，增进了幼儿相互交往、交流的能力，促进了幼儿社会性水平的发展。

89 有趣的海洋动物壳

1.玩具开发

> ·**玩具名称**：有趣的海洋动物壳。
> ·**适合班级**：大班。
> ·**适合区域**：美工区。
> ·**使用材料**：螃蟹壳、海螺壳、贝壳等自然材料、吸管、毛根、冰糕棍、牙刷、皱纹纸、各种线绳、泡沫球等装饰材料。

·**制作方法**：

大家共同搜集所需要的材料：螃蟹壳、海螺壳、贝壳等多种材料；并提供吸管、冰糕棍、牙刷、皱纹纸、泡沫球等丰富的辅助材料以便于进行装饰；同时还提供玻璃胶、双面胶、剪刀、海绵胶等制作工具。将螃蟹壳、海螺壳等材料进行创意绘画或创意制作，组合成小动物等生动有趣的造型。

青岛市市南区实验幼儿园　曾　凡

2.拓展应用

玩法一:海洋壳创意画

幼儿自主选取自己喜欢的材料螃蟹壳、贝壳等,用水粉颜料、水粉笔进行创意涂鸦,将海洋壳渲染得更加鲜艳亮丽;也可以选择画笔,用单色系进行创意手绘。在培养幼儿立体作画技能的基础上,感受海洋壳创意画的绘画乐趣。

玩法二:海洋壳创意制作

幼儿自主选择螃蟹壳、海螺壳等,将其与多种辅助材料相结合,用吸管、毛根、冰糕棍、牙刷、皱纹纸、各种线绳、泡沫球等装饰材料,制作出生动、有趣的小动物,让海洋壳变得更加栩栩如生、活灵活现,培养幼儿的创造力和动手制作能力。

90 奇妙的石头

1.玩具开发

· **玩具名称**:奇妙的石头。

· **适合班级**:中班、大班。

· **适合区域**:美工区。

· **使用材料**:鹅卵石、纸黏土、各色丙烯颜料、各种豆类、各种贝壳、水粉、调色盒、水粉笔、水彩笔、博古展示架、剪刀、热熔胶、双面胶、反穿衣等。

· **制作方法**:搜集大小、形状不同的鹅卵石,清洗干净并晾干。搜集各类辅助材料——豆类、果壳类、贝壳类、线绳等材料分类别放入材料盒。各种制作工具准备好,归类分别放入材料盒。将搜集的博古架进行组合拼装,搭成展台,以便摆放石头作品。

青岛市南京路第二幼儿园　王朋鹏

2.拓展应用

玩法一：彩绘石头

将鹅卵石涂上丙烯颜料做底色，晾干后用透明指甲油涂抹在表面。幼儿用水彩笔或水粉、丙烯颜料在石头上进行绘画。也可以利用石头本身的形状想象绘画出不同形象。幼儿通过彩绘，可以培养想象力、创造力、绘画色彩搭配能力以及耐心，细心的良好品质。

玩法二：石头变形

幼儿可在小·鹅卵石上进行绘画，画完后用热熔胶粘上红线绳，做成石头吊坠，可以放到社会区进行买卖游戏；还可以将不同的石头进行组合，用纸黏土、各种豆类、贝壳等装饰制作成动物、景物等完整、生动的作品。在游戏过程中，幼儿通过想象和交流，激发其善于观察、乐于操作的兴趣，提高其动手能力、创造能力。

91 创意彩砂画

1. 玩具开发

- **玩具名称**：创意彩砂画。
- **适合班级**：大班。
- **适合区域**：美工区。
- **使用材料**：各色彩沙、KT 画板、漏斗、刷子、硬卡片等。
- **制作方法**：搜集提供各色彩砂，并将 KT 板进行塑封供幼儿在其上面进行彩砂画，选择刷子、卡片、细木棒等多种辅助材料供幼儿进行细致刻画及装饰，同时搜集漏斗、刷子、卡片用于画后的收拾整理。

青岛市市南区实验幼儿园　曾　凡

2. 拓展应用

 玩法：创意彩砂画

　　幼儿自主选取自己喜欢的彩砂颜色，利用五颜六色的彩砂在大 KT 板上进行创意绘画，同时用卡片、刷子等材料进行细致的刻画、装饰；在活动结束后还可以用刷子、卡片、漏斗进行收拾整理。

92 好玩的瓶子

1. 玩具开发

·**玩具名称**：好玩的瓶子。

·**适合班级**：小班。

·**适合区域**：美工区。

·**使用材料**：各种各样的废旧瓶子、奶粉桶、各色颜料、彩色纸浆、彩色即时贴、动物花纹图片、小珠子、亮片等装饰材料。

·**制作方法**：大家共同搜集各种玻璃瓶、酒瓶子、奶粉桶等；并提供即时贴、纸浆、小珠子、亮片等丰富的辅助材料以便于进行装饰。将各种不同的废旧瓶子进行创意装饰，让废旧的瓶子焕然一新，呈现出不同创意的造型。

青岛市市南区实验幼儿园　修小华

2.拓展应用

玩法一:创意动物花纹瓶装饰

幼儿根据动物身上的花纹为瓶子创意涂色。幼儿选取水粉颜料、水粉笔进行创意涂鸦,将废旧的奶粉桶渲染得更加鲜艳亮丽;可以在奶粉桶上事先粘好动物的头像以增加幼儿的作画兴趣。在创意装饰的过程中,培养幼儿的艺术审美和表现能力。

玩法二:纸浆创意瓶子

幼儿自主选择不同颜色的纸浆装饰瓶子,再添置多种辅助材料,如小珠吸管、亮片等装饰材料,制作出多彩、亮丽的瓶子,也可以事先用白色纸浆在瓶子上造型,幼儿用喷壶进行创意喷色,在创意制作中充分培养幼儿的想象力和创造力。

玩法三:海洋世界创意瓶子

教师事先在废旧的瓶子里分别灌适量的蓝色、绿色的水。用即时贴剪好各种形状,如圆形、三角形、长方形。幼儿展开想象力,自主选择形状将其拼贴组合制作出小鱼、海草、螃蟹等海底生物,呈现出栩栩如生的海洋世界,培养幼儿创造想象和创意粘贴的能力。

93 木头创意变形

1.玩具开发

·**玩具名称**：木头创意变形。

·**适合班级**：大班。

·**适合区域**：美工区。

·**使用材料**：各种不同形状和不同粗细的木头、不同粗细的树枝、不同大小的螺丝钉、螺丝帽、木质暖瓶塞儿、纽扣、瓶盖、废旧电路板、废旧电线、废旧电池、电话按钮、各种不同电器上拆卸下来的零部件等辅助材料、电热胶枪、胶棒等。

·**制作方法**：选取不同形状、不同大小的木头，利用废旧电路板、电池、螺丝钉、螺丝帽、暖瓶塞儿等辅助材料进行创意，制作不同功能的"木头小车"，可用不同大小的木头做车头；再利用废旧电路板做车身；用细的圆柱体木头当车轮；还可以给木头小车装上环保电池，然后利用螺丝钉、暖瓶塞、电话按键等其他辅助材料对"木头小车"进行装饰。

青岛市市南区实验幼儿园　修　爽

2.拓展应用

玩法：多功能木头小车

　　孩子们用不同形状的木头，创意拼摆出不同的车子；然后再用电路板、螺丝帽、螺丝钉、电池、电话按键等辅助材料进行装饰制作；最后用胶枪进行粘连。有的孩子制作了油罐车；有的孩子制作了潜水艇；还有的孩子制作了洒水车，并给洒水车装上了环保电池……在活动中，幼儿的创意造型和动手操作能力都得到了提高。